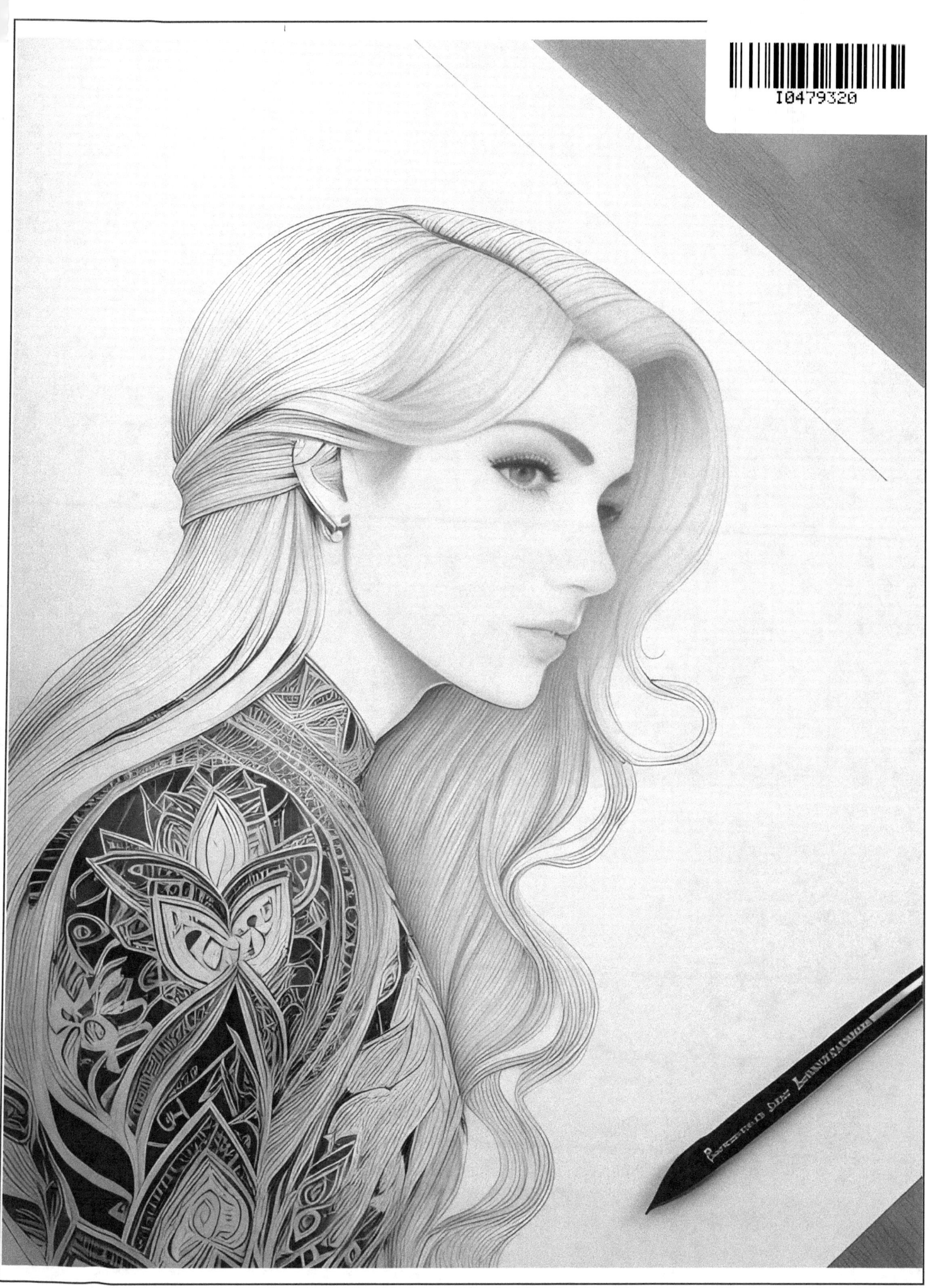

O que fazer para melhorar a qualidade de nossos desenhos coloridos com lápis de cor e materiais mais simples?

Bem, há várias razões pelas quais o resultado de nossos desenhos coloridos podem não ficar tão bons, e para melhorar boa parte delas, você pode colocar em prática hoje para aperfeiçoar seus desenhos, mesmo que nunca tenha colorido com lápis de cor antes.

#1 - Superfície plana e lisa - Desenho colorido com lápis de cor efeito em uma superfície cheia de arranhões

Normalmente usamos um caderno ou qualquer mesa para colorir, mas algumas superfícies têm texturas ou sulcos que comprometem seu trabalho. Como as folhas são finas e vamos pressionar o lápis no papel, marcas aparecerão em seu desenho, o qual prejudicarão a estética final do seu trabalho, então evitamos superfícies macias ou danificadas.

Se você tem uma mesa de vidro em casa, pode ser o lugar perfeito para colorir, mas se não tiver, a maneira mais eficaz de contornar isso é comprar uma placa de MDF ou acrílico em qualquer papelaria. É uma opção barata e eficaz. Na placa, você tem uma superfície plana, dura e sem imperfeições, e pode facilmente transportá-la para qualquer outra local. Outra dica é usar pelo menos duas folhas de papel ou uma de cartolina sob sua folha principal, dessa forma você evita a pequena textura que tem na superfície que está usando afetando o papel do seu desenho, e ainda obtém uma pintura mais suave.

#2 - Ponta do lápis - Diferença de um lápis de cor azul com ponta longa e fina e ponta curta e grossa

Não sei se é para economizar o lápis, porque não se pode fazer a ponta ou apenas por preguiça, mas evitar de apontar o lápis de cor não é a melhor opção. Ter pontas afiadas e longas para trabalhar é o que irá lhe dar um melhor resultado e economizar material.

Quando temos pontas finas, o lápis consegue preencher melhor as ranhuras no papel, ou seja, ele penetrará melhor no papel e proporcionará uma pintura mais uniforme. Dessa forma, podemos obter um acabamento muito melhor em nosso trabalho. As pontas longas (especialmente as feitas com o estilete) também proporcionarão uma maior durabilidade à mina do lápis, evitando a necessidade de afiá-lo constantemente ou de quebrá-lo facilmente.

Caso contrário, as pontas curtas e grossas têm mais dificuldade em penetrar no papel e desgastam mais facilmente o lápis. Então, se a intenção era economizar, o efeito é o oposto. Portanto, "economizar" não afiando o lápis não é o ideal, a menos que você esteja disposto a ter pinturas de baixa qualidade.

#3 - Formas de segurar o lápis - Diferentes formas de segurar o lápis para colorir com desenho

Como você segura o seu lápis? Já pensou sobre isso? A forma mais comum é segurar o lápis muito próximo da ponta, e no começo é fácil exagerar a ponto de segurar quase em cima da ponta. Isso não só atrapalha a sua visão do que está fazendo, como também naturalmente faz com que você pressione um pouco mais forte no papel.

Por outro lado, segurar o lápis mais próximo da ponta vai te dar mais precisão, o que é ideal para detalhes. Agora quando seguramos o lápis mais afastado, um pouco mais em direção ao meio, temos mais leveza ao fazer as linhas, e isso é interessante quando estamos colorindo em várias camadas até chegar na cor desejada. Dessa forma, evitamos pressionar demais nos momentos errados.

Podemos usar ambas as formas, basta saber quando vai mudar a forma de segurar o lápis, seja quando precisar de mais precisão ou quando for preencher áreas maiores e fazer sombreados.

#4 - Pressão aplicada e camadas de cor - Formas de colorir com camadas e forçando o lápis no papel

Nossos primeiros desenhos coloridos são feitos com tanta força que acabamos estragando o papel, sabe quando o papel fica todo ondulado? É isso. E tudo isso porque achamos que precisamos disso para obter a cor mais brilhante e mais escura do nosso lápis, quando na verdade o resultado é um acabamento áspero.

Quando pressionamos o lápis com muita força no papel: usamos a ponta do lápis mais rapidamente; podemos facilmente quebrar a ponta; não conseguimos fazer um sombreamento interessante e não misturamos as cores corretamente; estragamos nosso papel, principalmente quando trabalhamos com os mais comuns e finos como o de 75g/m2 e o resultado é um desenho completamente marcado.

O ideal é trabalhar através de camadas de cor, ou seja, fazendo uma sobreposição de cores até atingir a cor desejada (e não pressionando o lápis com toda a força no papel de uma vez). Dessa forma, conseguimos uma pintura mais uniforme.

#5 - Direção e movimento dos traços - Coloração e direção dos traços

Sentido dos traços: Junto com a dica anterior, você também pode pensar no movimento e na direção que os traços terão, e em geral é importante não mudar a direção demais em todas as direções.

Escolha uma direção e preencha com uma camada, depois mude a direção e preencha com outra camada. Dessa forma, você também pode preencher o máximo de branco do papel possível sem deixar marcas no desenho. Considere também a direção dos objetos, fios ou texturas que está fazendo, isso pode ajudar a tornar as coisas mais convincentes.

Movimento dos traços: Imagem mostrando movimentos básicos para colorir com um divertido desenho de cartoon laranja desenhado no papel. Quanto ao movimento, existem 3 movimentos básicos que você pode experimentar na próxima vez: circular, para trás e para frente, e pressionar e puxar. O que você usará mais provavelmente dependerá do objeto que está desenhando e do que você se sente mais confortável, mas praticar esses movimentos básicos ajudará a desenvolver um estilo único.

A técnica de "vem e vai" ajudará a preencher áreas maiores, sempre lembrando de não pressionar muito forte no papel. A técnica de pressionar e puxar é comum em desenhos realistas de fios de cabelo ou cabelo, mas ambas podem ser usadas em outras situações também.

#6 - Lápis branco - Lápis de cor branco e desenho misturado com cor branca

O lápis de cor branco também é útil em várias situações: serve para fazer desenhos em papel escuro; ajuda a misturar melhor as cores, ou seja, ajuda na mistura de cores; dá aquela pequena ajuda na remoção de pontos brancos do papel também; e suaviza as cores (por exemplo, se você passar branco sobre vermelho, poderá ver vermelho mais suave).

#7 - Faça testes de cores - Preparação com várias cores antes de colorir

Para evitar o risco de arruinar o desenho, faça testes em outra folha de papel antes de começar a colorir, isso ajudará você a escolher antes mesmo de começar a pintar: quais combinações, misturas e lápis de cor você usará em todo o desenho. Fazendo isso, além de evitar erros, você acelerará seu processo de pintura assim que começar.

Conclusão

Bem, há muitas outras maneiras de melhorar o resultado de suas pinturas com lápis de cor no papel, desde o uso de outros materiais até a aplicação de técnicas e conhecimentos como o estudo das cores. Mas, para um iniciante, essas dicas serão importantes para iniciar a jornada.

Por fim, adicione a esta lista de 7 dicas sobre como colorir melhor com lápis de cor a paciência. Colorir é uma atividade que requer muito tempo, dedicação e paciência, especialmente quando se deseja obter melhores resultados. Portanto, esteja pronto para enfrentar horas e horas para colorir um único desenho e esteja disposto a estudar e praticar muito para evoluir.

Lápis Pastel

Lápis pastel é um tipo de ferramenta de desenho que combina as qualidades de bastões de pastel e lápis coloridos. Eles consistem em um núcleo fino de material à base de pigmento envolvido em um cilindro de madeira ou papel, semelhante a um lápis colorido. O núcleo pode ser afiado até um ponto fino, permitindo linhas e detalhes precisos, e os pigmentos pastel podem ser misturados e sobrepostos para criar uma variedade de tons e texturas. Lápis pastel foram introduzidos pela primeira vez no final do século XVIII e se tornaram um meio popular para artistas devido à sua versatilidade e facilidade de uso. Ao contrário dos bastões de pastel tradicionais, que podem ser bagunçados e difíceis de controlar, lápis pastel podem ser afiados até um ponto fino e permitem mais controle ao desenhar. Além disso, lápis pastel podem ser usados secos ou podem ser misturados com água para criar um efeito fluido, semelhante à aquarela.

Um dos principais benefícios dos lápis pastel é a capacidade de produzir imagens suaves e oníricas com uma qualidade delicada e etérea. Os pigmentos secos podem ser misturados para criar graduações suaves de cor e a sobreposição de cores pode produzir um efeito rico e multitonado. Essa suavidade torna os lápis pastel ideais para retratos, paisagens e outros assuntos que requerem um toque suave e atmosférico. Os lápis pastel também são adequados para uso em uma ampla variedade de superfícies, incluindo papel, tela e até madeira. Eles podem ser usados para produzir desenhos detalhados ou podem ser usados para criar pinturas ousadas e expressivas. Quando usados em uma superfície texturizada, como lixa, os pigmentos secos podem criar uma textura granulada distinta que adiciona uma sensação de profundidade e dimensão à imagem.

Em termos de materiais, lápis pastel estão disponíveis em uma variedade de durezas e pigmentos, desde pastéis suaves e altamente pigmentados até pastéis mais duros e controlados. Algumas marcas populares de lápis pastel incluem Faber-Castell, Derwent, Prismacolor e Stabilo. Ao selecionar lápis pastel, é importante considerar o nível de pigmentação, a dureza do pastel e o tipo de superfície em que você estará trabalhando. Um dos desafios ao trabalhar com lápis pastel é a natureza delicada dos pigmentos. Ao contrário de outros meios de desenho, como lápis coloridos ou grafite, os pigmentos pastel são propensos a manchar e poeirar, especialmente quando a superfície do papel é trabalhada intensamente. Para mitigar isso, é importante trabalhar em uma superfície adequada para desenho com pastel, como papel lixado ou uma superfície que tenha sido tratada com um fixador.

Em conclusão, os lápis de pastel são um meio versátil e fácil de usar que oferece aos artistas uma série de possibilidades criativas. Seja você um iniciante ou um artista experiente, os lápis de pastel oferecem uma maneira divertida e acessível de criar imagens suaves e sonhadoras com uma qualidade delicada e etérea. Com sua capacidade de produzir imagens ricas e multitonais e sua adequação para uma ampla variedade de superfícies, os lápis de pastel são uma ferramenta essencial para artistas de todos os níveis.

Lápis aquarela

Lápis aquarela são uma ferramenta híbrida de arte que combina o melhor dos dois mundos, ou seja, a versatilidade dos lápis de cor e a luminosidade e transparência das aquarelas. Os lápis aquarela possuem uma carga de chumbo ou pigmento com cera, rodeado por um aglutinante solúvel em água, o que permite que a cor se misture, se espalhe e se dissolva quando molhada. Isso torna os lápis aquarela ideais para arte fina, esboços, diários e projetos de mídia mista. Os lápis aquarela vêm em uma ampla gama de cores, desde as brilhantes e ousadas até as suaves e sutis, e podem ser usados secos ou molhados, o que dá aos artistas a capacidade de criar uma variedade de efeitos. Secos, os lápis aquarela podem ser usados para camadas, sombreamento e mistura para criar composições ricas e complexas. Molhados, os lápis aquarela podem ser usados para criar lavagens fluidas, efeitos transparentes e misturas sutis de cores.

Um dos principais benefícios dos lápis aquarela é sua versatilidade e portabilidade. Ao contrário das aquarelas tradicionais, que podem ser bagunçadas e exigem muita configuração e limpeza, os lápis aquarela podem ser carregados com você em qualquer lugar, tornando-os perfeitos para pintura en plein air, esboços de viagem ou estudos rápidos. Os lápis aquarela também são ótimos para construir profundidade e detalhe em sua arte. Ao camadas, misturar e cruzar com lápis aquarela, você pode criar composições ricas e complexas com detalhes finos. Além disso, os lápis aquarela são ideais para criar linhas delicadas e precisas, bem como lavagens suaves e fluidas.

Quando se trata de escolher lápis aquarela, há alguns fatores a serem considerados. Em primeiro lugar, a qualidade do chumbo ou pigmento é fundamental. Lápis aquarela de alta qualidade terão cores intensas e boa solidez à luz, o que significa que as cores resistirão ao desbotamento ao longo do tempo. Além disso, o aglutinante usado nos lápis aquarela afetará a textura, translucidez e propagação da cor. Outro fator a ser considerado ao escolher lápis aquarela é o tipo de papel que você usará. Papel aquarela é a melhor escolha para lápis aquarela, pois é projetado para absorver água sem ser danificado. No entanto, lápis aquarela também podem ser usados em outros tipos de papel, como papel de esboço, papel Bristol ou até papel aquarela prensado a quente, dependendo do efeito desejado.

Isso cria um efeito suave e lavado, que é ideal para criar composições atmosféricas e oníricas. Além disso, os lápis aquarela podem ser misturados com um pincel seco para criar um efeito mais texturizado, que é perfeito para criar paisagens ásperas e naturais.

Lápis aquarela também podem ser usados para trabalhos detalhados, como linhas finas, texturas delicadas e padrões intrincados. Para criar linhas finas, é recomendado afiar os lápis aquarela até uma ponta fina e usar traços leves e delicados. Para padrões e texturas intrincadas, os lápis aquarela podem ser usados secos ou combinados com outras mídias, como tinta, caneta ou grafite. Em conclusão, lápis aquarela são um meio de arte versátil e portátil que oferece aos artistas uma ampla gama de possibilidades criativas. Desde camadas e sombras até lavagens suaves e detalhes intrincados.

Lápis de colorir

Lápis de colorir são um tipo de meio de arte usados para desenho, esboço e coloração. Eles consistem em uma fina caixa cilíndrica feita de madeira, plástico ou papel e um núcleo de cera, óleo ou pigmento solúvel em água. Ao contrário de outros tipos de lápis, os lápis de colorir produzem uma ampla gama de tons e sombras, tornando-os uma escolha versátil e popular entre artistas de todos os níveis de habilidade. Existem vários tipos diferentes de lápis de cor disponíveis, cada um com suas próprias propriedades únicas. Lápis de colorir à base de cera são o tipo mais comum e são conhecidos por sua textura suave, cremosa e cores vibrantes. Esses lápis são frequentemente usados para mesclar e sombrear, pois a cera pode ser facilmente sobreposta e derretida para criar uma cor suave e uniforme.

Por outro lado, os lápis de colorir à base de óleo são conhecidos por sua durabilidade e alta intensidade de cor. Ao contrário dos lápis de colorir à base de cera, os lápis à base de óleo são resistentes à água e solventes, tornando-os ideais para uso em projetos de mídia mista. No entanto, eles também são mais difíceis de mesclar e podem ser complicados para trabalhar. Os lápis de colorir solúveis em água são um tipo mais recente de lápis de cor que ganhou popularidade nos últimos anos. Como o nome sugere, esses lápis podem ser dissolvidos em água, criando um efeito semelhante à aquarela. Eles são ideais para artistas que desejam incorporar técnicas de aquarela em seus desenhos e também são ótimos para mesclar e sobrepor.

Ao escolher lápis de colorir, é importante considerar o tipo de papel que será usado. Alguns lápis de cor funcionam melhor em papel liso e de alta qualidade, enquanto outros podem exigir um papel mais áspero ou mais espesso para produzir resultados ideais. Também é importante considerar o tipo de imagem que será criada. Por exemplo, detalhes finos e linhas nítidas podem exigir uma mina mais dura, enquanto a mescla e sombreamento podem exigir uma mina mais macia.

Em termos de técnica, os lápis aquareláveis podem ser usados de várias maneiras para criar diferentes efeitos. Por exemplo, os lápis aquareláveis secos podem ser usados para camadas, hachuras e mistura, o que criará uma composição rica e complexa. Os lápis aquareláveis molhados podem ser usados para criar lavagens suaves, efeitos transparentes e misturas de cores. Para um efeito suave e difuso, os lápis aquareláveis podem ser misturados com um pincel ou esponja úmidos.

Uma das grandes vantagens dos lápis de colorir é a sua acessibilidade e preço. Eles estão amplamente disponíveis em lojas de suprimentos de arte, varejistas online e até mesmo muitas lojas em geral. Além disso, os lápis de cor são fáceis de usar e requerem muito pouco em termos de configuração ou limpeza. Basta afiar os lápis, colocar o papel e começar a desenhar!

Apesar de sua simplicidade, os lápis de colorir podem produzir resultados impressionantes. De paisagens vibrantes a retratos delicados, os lápis de colorir podem ser usados para criar uma ampla variedade de imagens com detalhes e profundidade incríveis. Eles também são ótimos para camadas e mistura, permitindo que os artistas alcancem uma ampla gama de tons e sombras de cores.

Além dos lápis de colorir tradicionais, existem também vários tipos especializados, incluindo lápis de cor aquareláveis, lápis de cor com ponta macia e lápis de cor com brilho metálico. Esses lápis especiais podem adicionar uma camada extra de interesse e profundidade aos seus desenhos e ajudá-lo a alcançar a aparência e sensação específicas que você está procurando. Quando se trata de colorir com lápis de cor, existem algumas técnicas básicas que são úteis de saber. Por exemplo, a técnica de camadas é popular, onde o artista aplica várias camadas de cor para alcançar um efeito desejado. A mistura é outra técnica popular, onde o artista mistura as cores para criar um gradiente natural e perfeito. A hachura e a cruz-hachura também são técnicas úteis para criar textura e sombreamento.

Em conclusão, os lápis de cor são um meio de arte versátil e acessível que pode ser usado para criar imagens impressionantes com detalhes e profundidade incríveis. Seja você um iniciante ou um artista experiente, os lápis de cor são uma ótima opção para criar belas e memoráveis obras de arte.

Lápis de carvão

Os lápis de carvão são uma ferramenta essencial para muitos artistas, pois permitem uma variedade de valores tonais e técnicas de sombreamento. Ao contrário dos lápis de grafite, que são feitos de uma mistura de grafite e argila, o carvão é feito de material orgânico queimado, geralmente de salgueiro ou videira.

Os lápis de carvão estão disponíveis em várias formas, incluindo bastões comprimidos, bastões de carvão de videira e lápis. A versatilidade dos lápis de carvão os torna uma escolha popular para uma variedade de técnicas de desenho. A textura macia e pulverulenta permite aos artistas criar misturas suaves e aveludadas e detalhes finos. Os lápis de carvão também são ideais para criar trabalhos ousados e dramáticos, pois podem produzir tons profundos e escuros e sombras de alto contraste. Além disso, os lápis de carvão podem ser facilmente esfumados e misturados, tornando-os ideais para alcançar uma variedade de valores tonais sutis.

Uma das principais vantagens dos lápis de carvão é que eles são fáceis de apagar e podem ser usados para corrigir erros sem deixar resíduos. Isso é particularmente útil para artistas que gostam de trabalhar em camadas, pois permite que eles construam gradualmente seus desenhos, fazendo mudanças e correções ao longo do caminho. Além disso, o fato de que o carvão é facilmente esfumado e misturado significa que é possível criar efeitos suaves e atmosféricos, como névoa ou fumaça, com relativa facilidade. Os lápis de carvão também são relativamente baratos e amplamente disponíveis, tornando-os uma opção acessível para artistas de todos os níveis de habilidade. Eles também estão disponíveis em uma variedade de durezas, de macio a duro, permitindo que os artistas escolham a melhor opção para suas necessidades particulares.

No entanto, há algumas desvantagens em usar lápis de carvão. Em primeiro lugar, eles podem ser bagunçados e deixar resíduos na página, tornando-os menos adequados para trabalhos que precisam ser limpos e precisos. Além disso, o carvão às vezes pode quebrar ou desmoronar, tornando necessário afiar o lápis com mais frequência. Por fim, os lápis de carvão são suscetíveis a esfregar e borrar, tornando-os menos adequados para trabalhos que serão manuseados com frequência ou para artistas que precisam trabalhar com pressa. Apesar dessas limitações, os lápis de carvão continuam sendo uma escolha popular para muitos artistas e são uma ferramenta versátil e acessível que vale a pena explorar. Seja você um iniciante ou um profissional experiente, eles são uma adição valiosa ao kit de ferramentas de qualquer artista e podem ser usados para criar uma ampla gama de efeitos, desde sutis e delicados até ousados e dramáticos. Então, por que não pegar um conjunto hoje e ver o que você pode criar?

Lápis de grafite

Lápis de grafite são um tipo de ferramenta de desenho que tem sido usada por séculos por artistas e escritores para criar imagens e textos. Grafite é uma forma de carbono que é macia e escura, o que a torna ideal para uso em lápis. O grafite é misturado com argila e moldado em formato cilíndrico, que é então envolvido em papel ou revestido com um barril de madeira.

Os lápis de grafite são conhecidos por sua versatilidade, pois podem produzir uma variedade de tons, desde um cinza claro até um preto escuro, dependendo do grau de pressão aplicado e da textura do papel. Essa versatilidade torna os lápis de grafite ideais para uma ampla gama de estilos de desenho, desde desenhos detalhados de linhas finas até desenhos ousados e expressivos.

Uma das principais vantagens dos lápis de grafite é a facilidade de uso. Ao contrário de outras ferramentas de desenho, como carvão ou tinta, os lápis de grafite não exigem nenhuma preparação ou técnica especial para começar. Basta pegar o lápis e começar a desenhar. Além disso, os lápis de grafite são fáceis de apagar, o que os torna uma escolha popular para esboços e rascunhos. Outra vantagem dos lápis de grafite é sua acessibilidade financeira. Comparados a outras ferramentas de desenho, os lápis de grafite são relativamente baratos e amplamente disponíveis. Isso os torna acessíveis a artistas de todos os níveis de habilidade e orçamentos.

Os lápis de grafite vêm em uma variedade de graus, que se refere à maciez ou dureza do grafite. O grafite mais macio produz linhas mais escuras e ousadas, enquanto o grafite mais duro produz linhas mais claras e finas. Os graus mais comuns são 2H, H, F, B, 2B, 3B, 4B, 5B, 6B e 9B. O H significa "duro", enquanto o B significa "preto". Portanto, um lápis 2H é o grau mais duro, enquanto um lápis 9B é o mais macio. Uma das principais desvantagens dos lápis de grafite é que eles podem borrar facilmente, especialmente se as mãos estiverem sujas ou se você estiver desenhando em uma superfície propensa a borrões. Para evitar borrões, é recomendável manter as mãos limpas e usar um spray fixador para proteger seus desenhos.

Outra desvantagem potencial dos lápis de grafite é a falta de permanência. Ao contrário de outras ferramentas de desenho, como tinta ou carvão, o grafite não é à prova d'água e pode desbotar com o tempo. Para proteger seus desenhos, é recomendável armazená-los em um local seco e fresco, longe da luz solar direta e umidade. Em conclusão, os lápis de grafite são uma excelente escolha para artistas e escritores que desejam uma ferramenta de desenho versátil e acessível. Com sua facilidade de uso, acessibilidade e versatilidade, os lápis de grafite são um item básico no kit de muitos artistas e continuam a ser uma escolha popular para artistas de todos os níveis de habilidade.

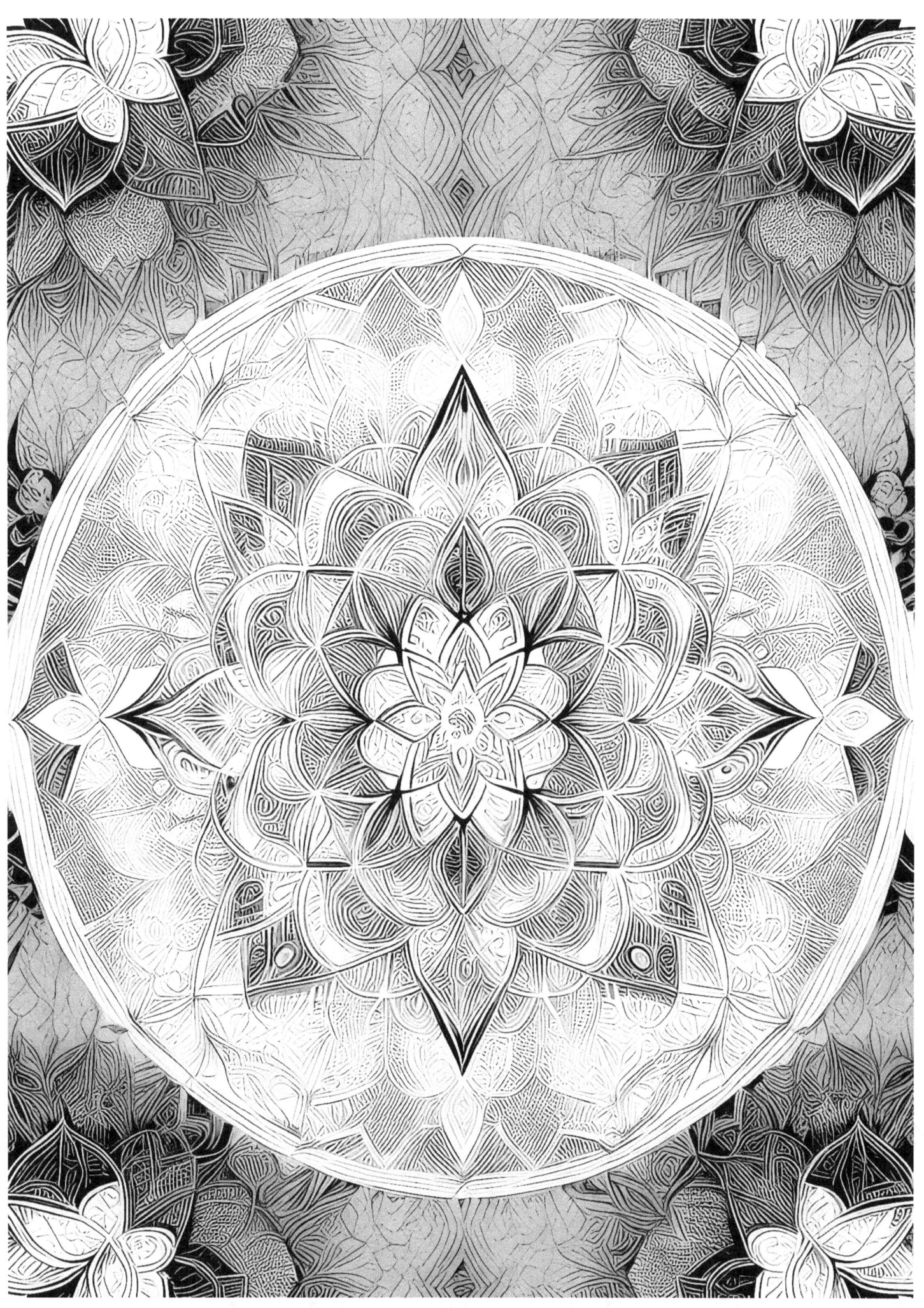

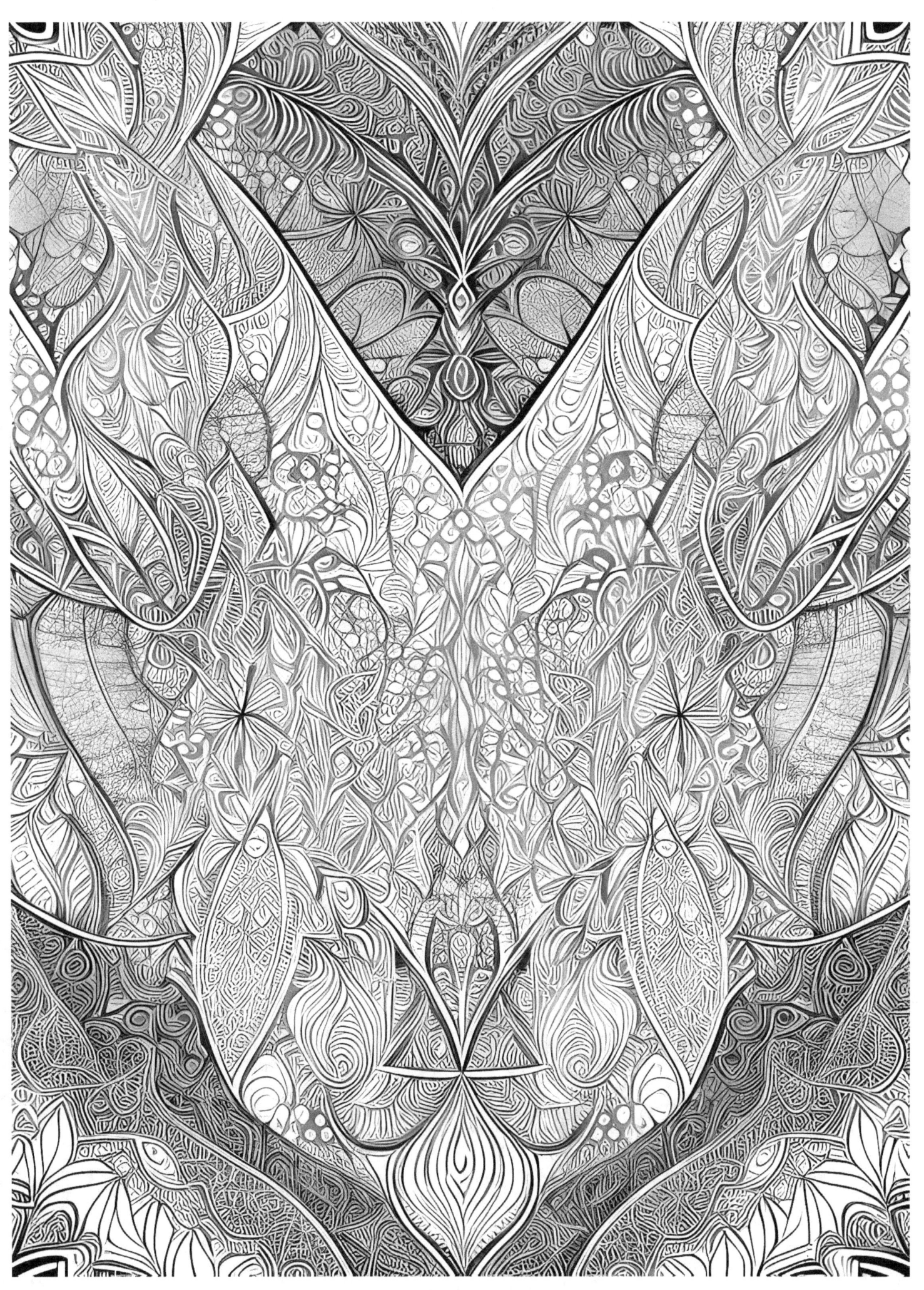

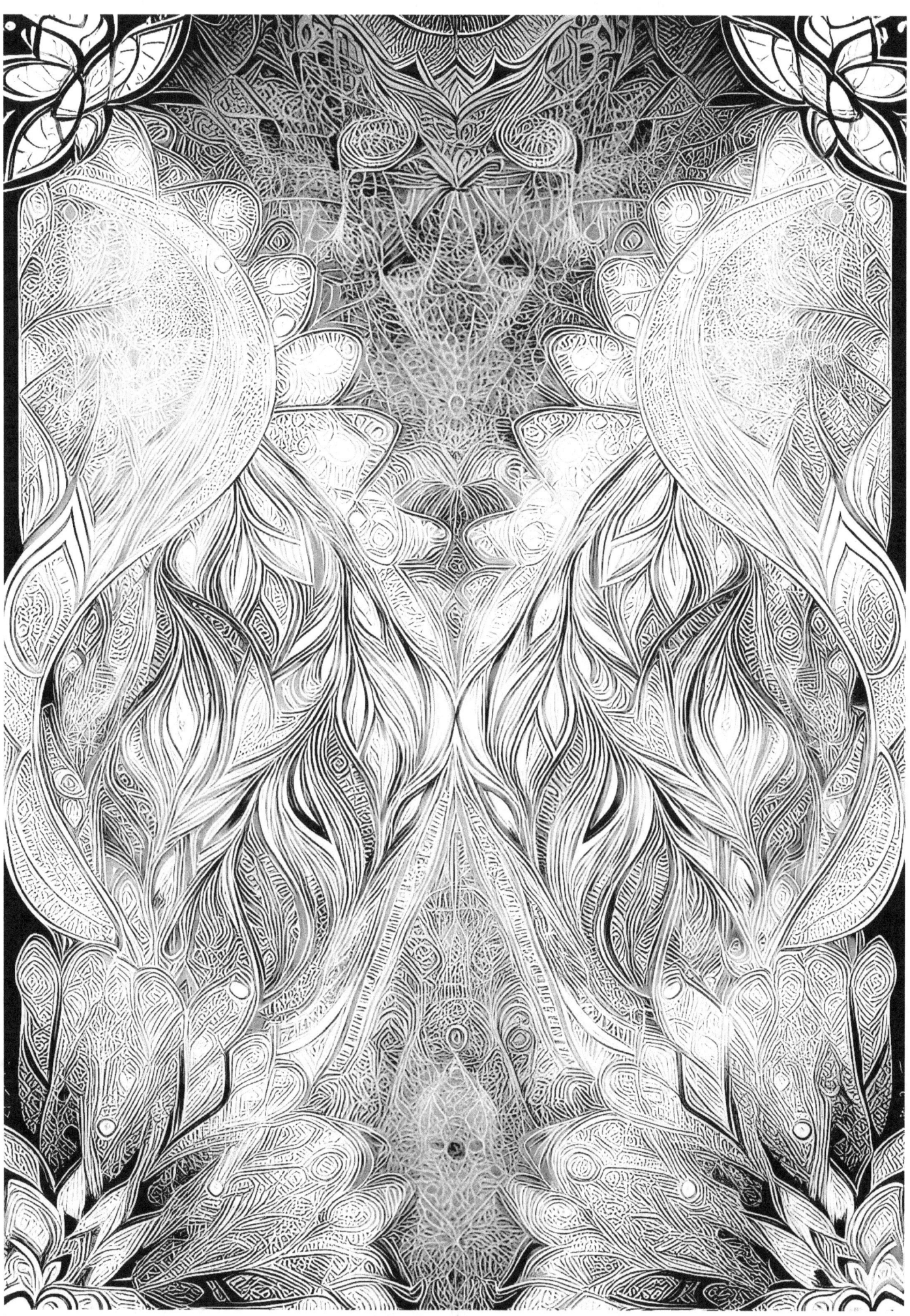

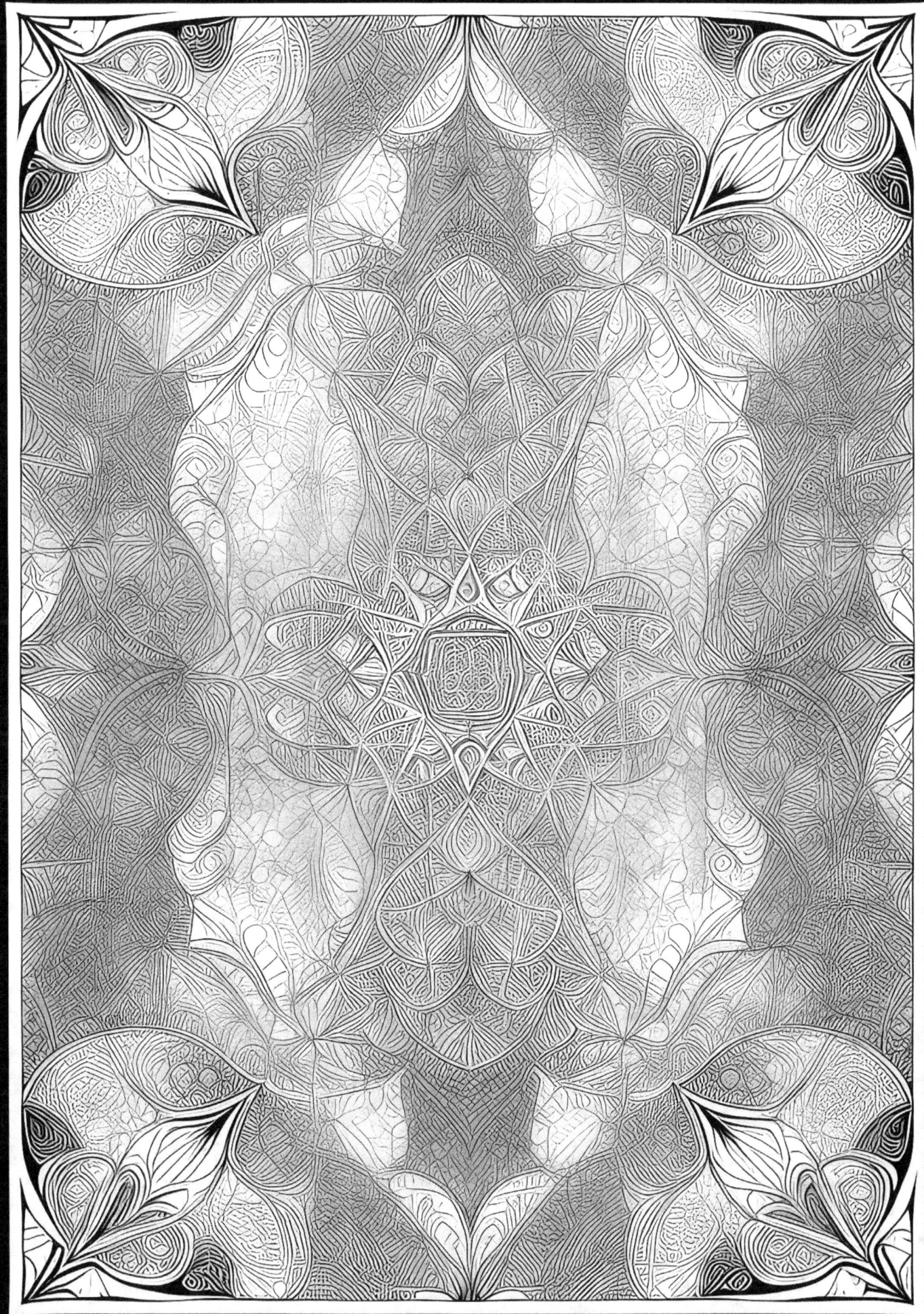

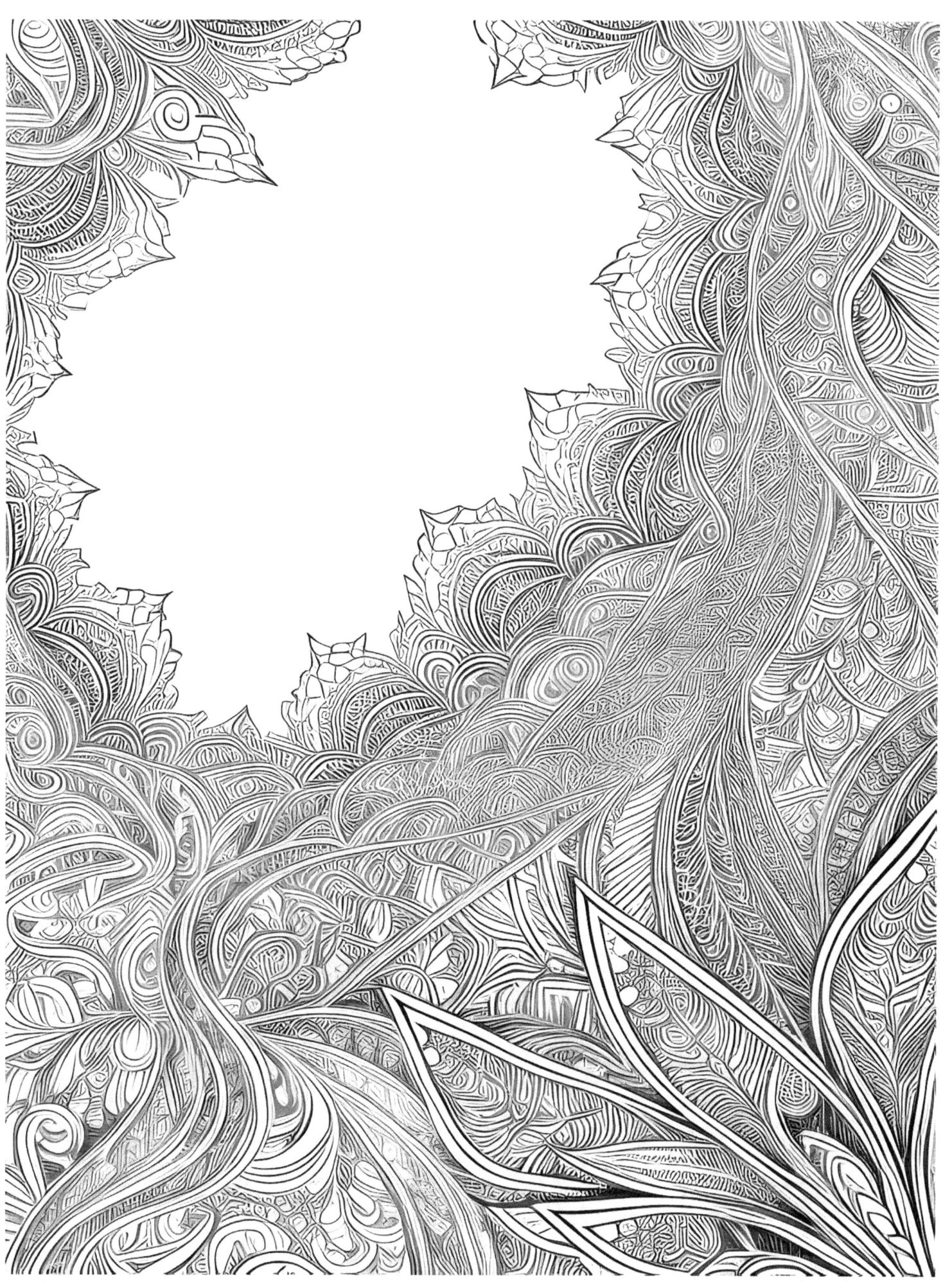

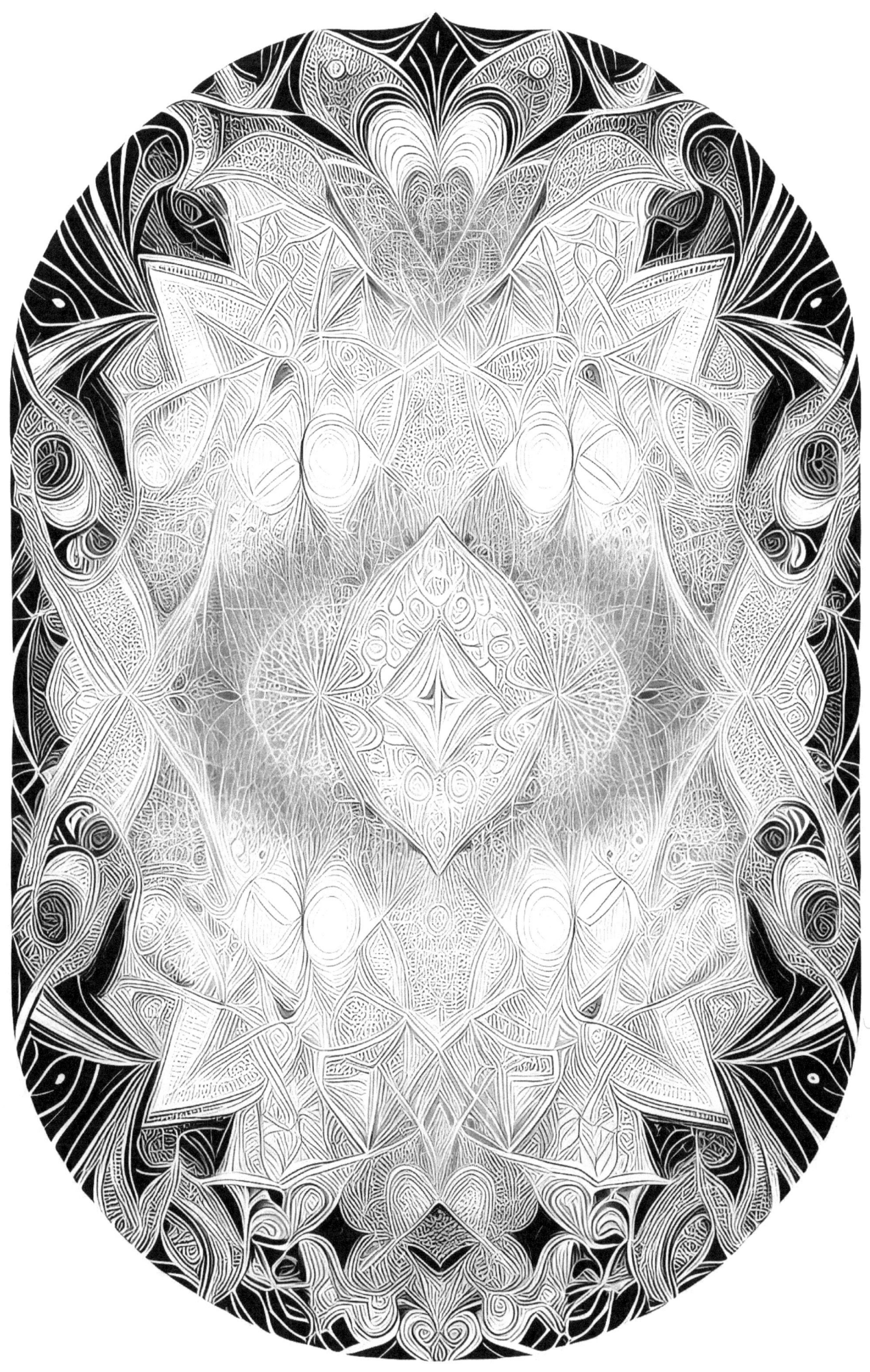

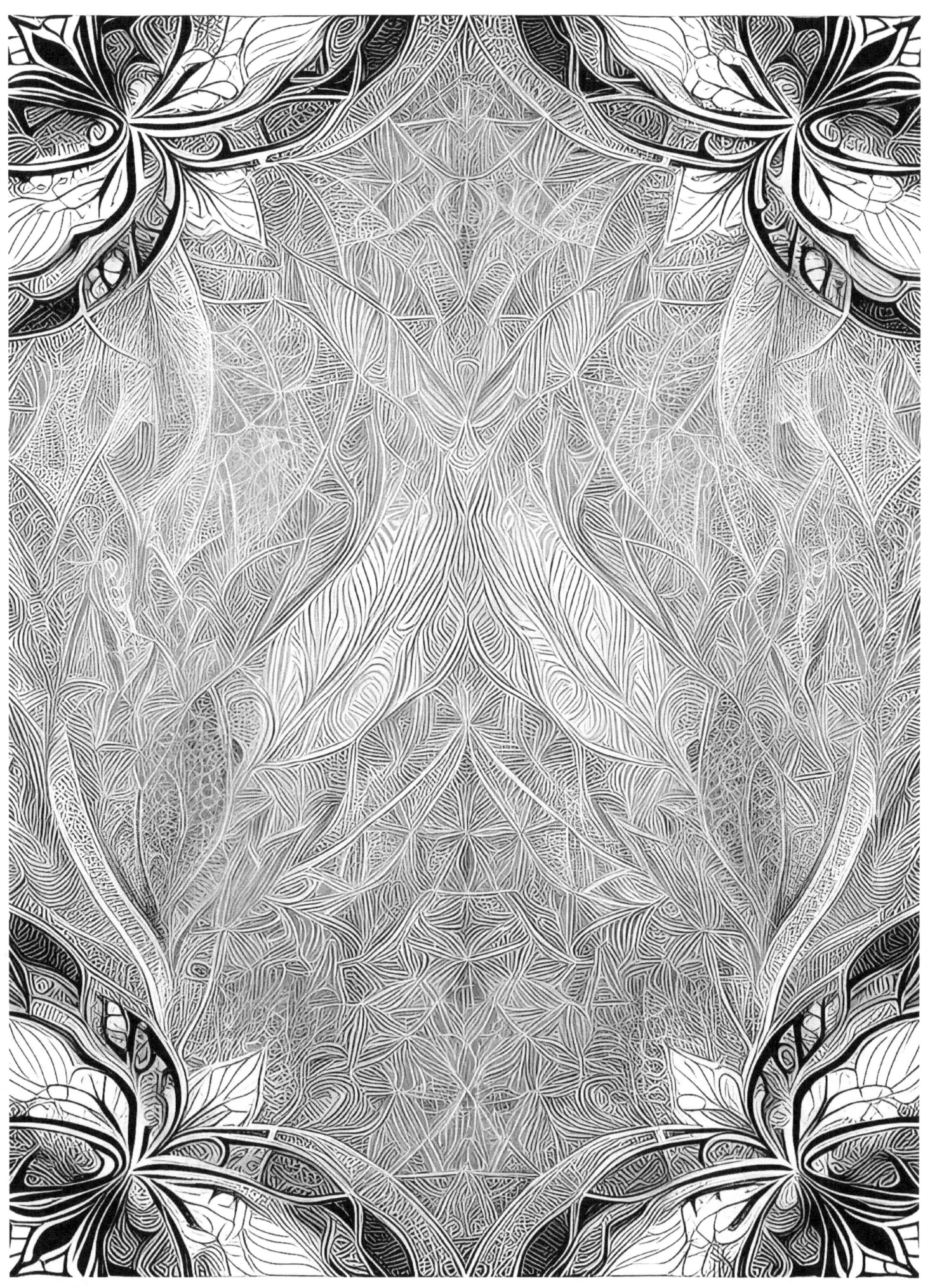

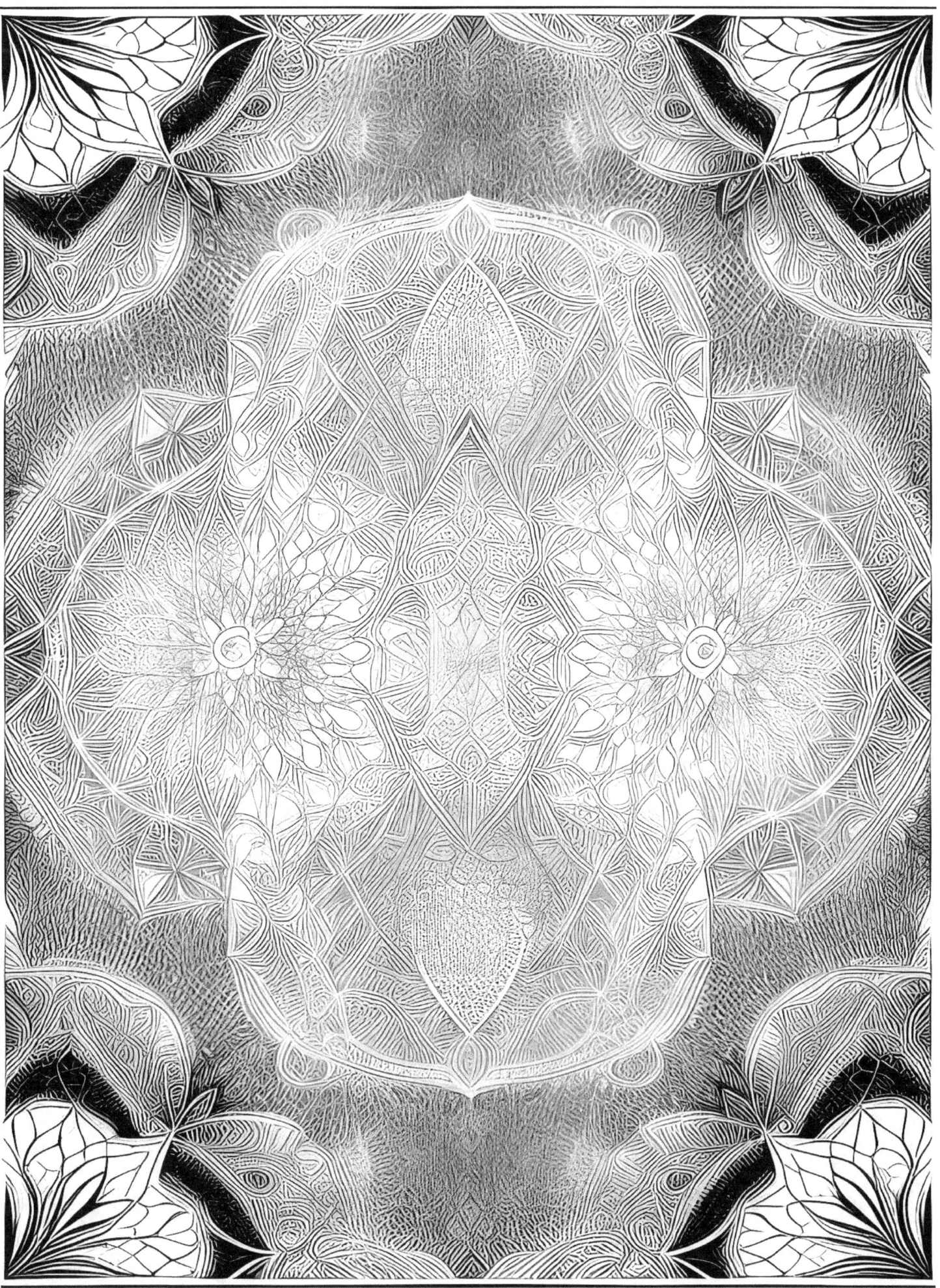

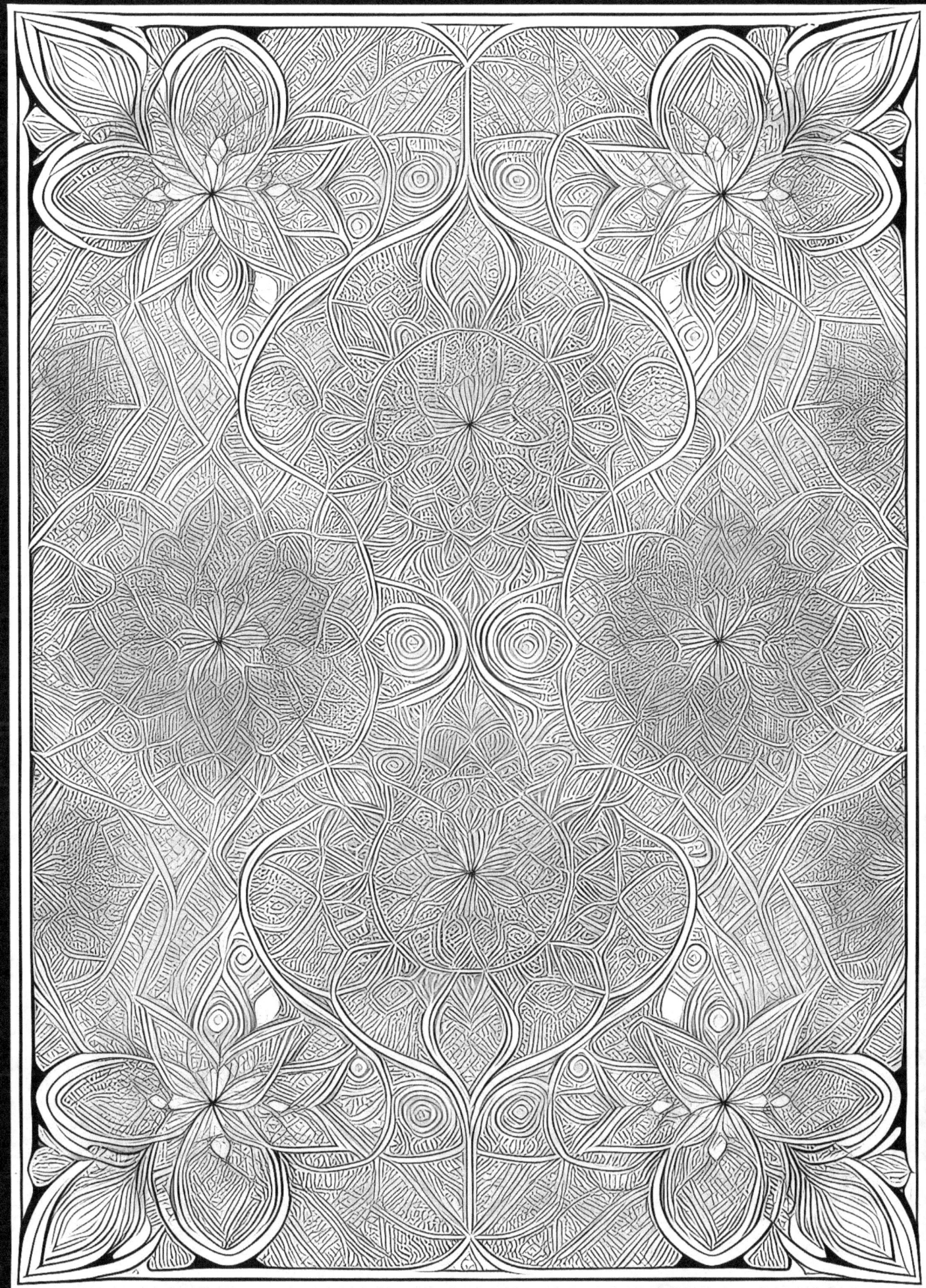

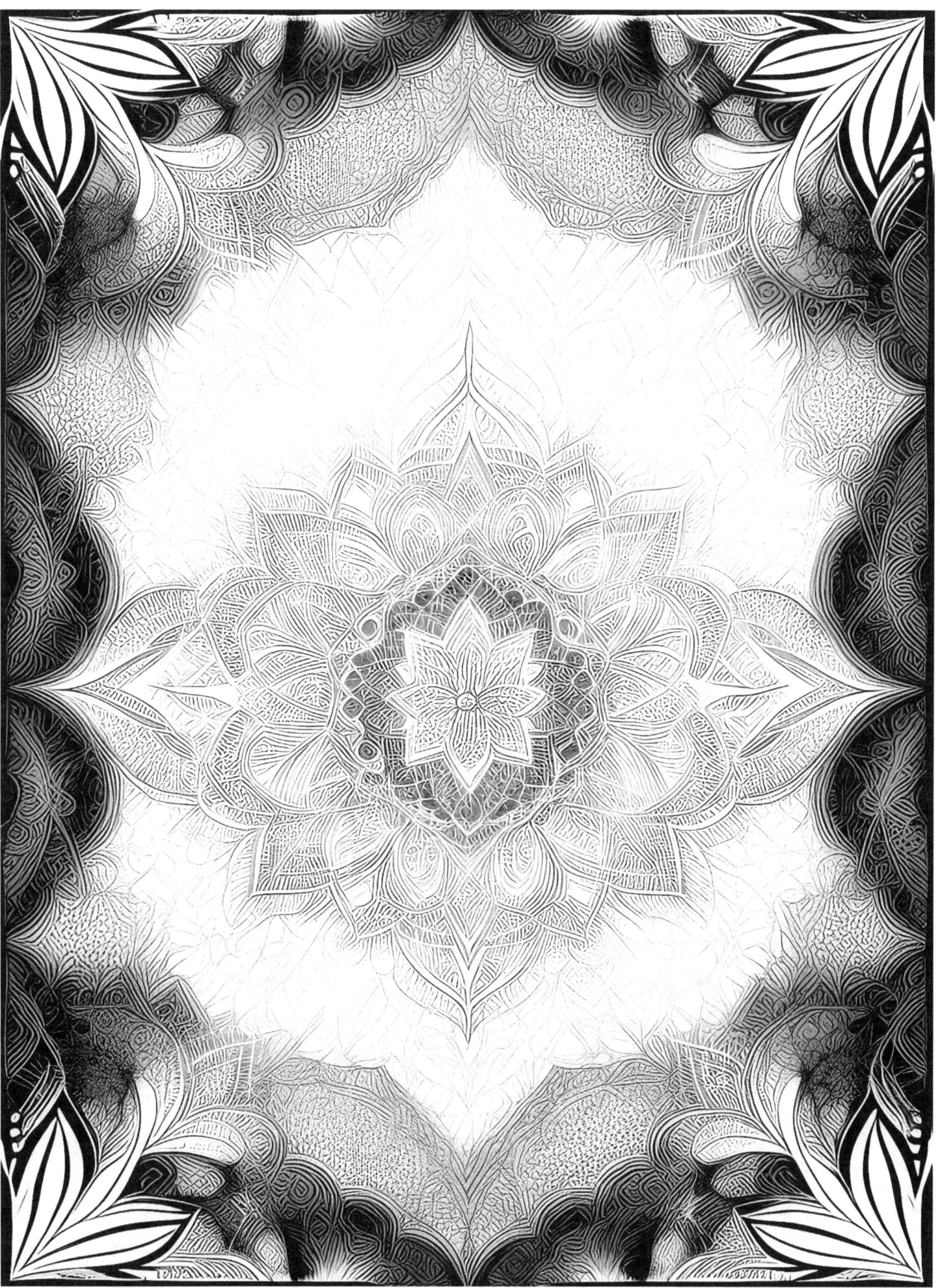

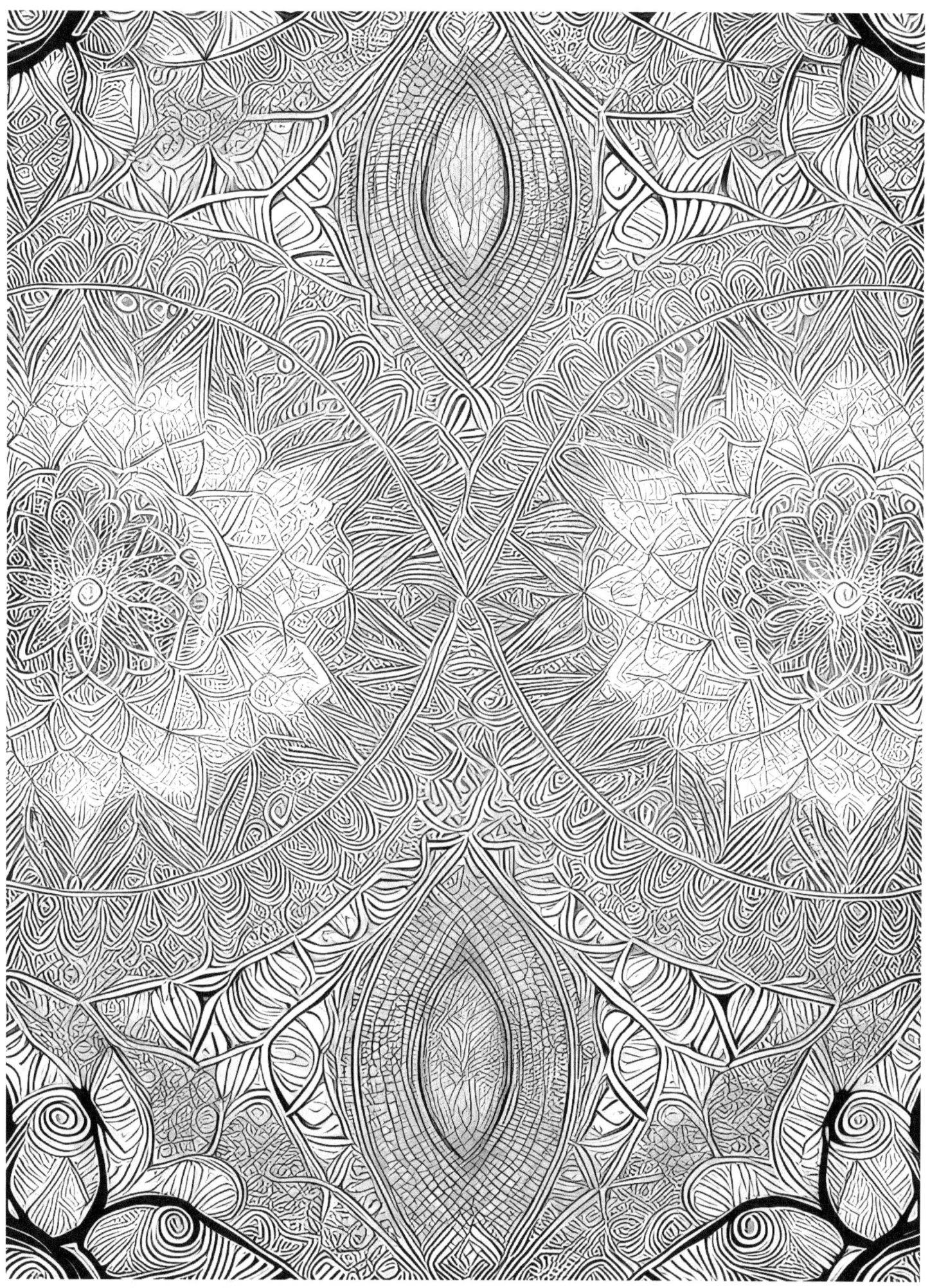

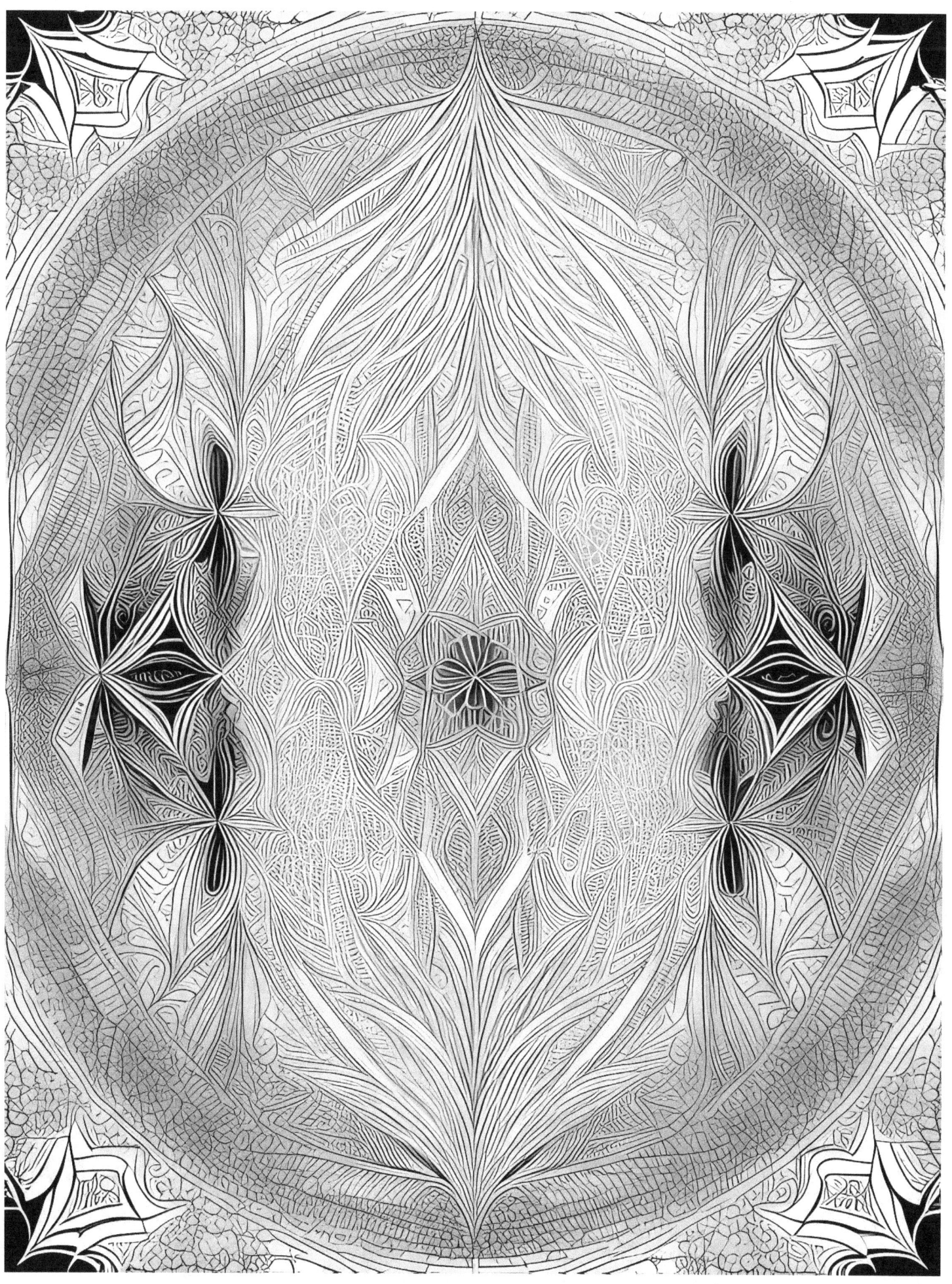

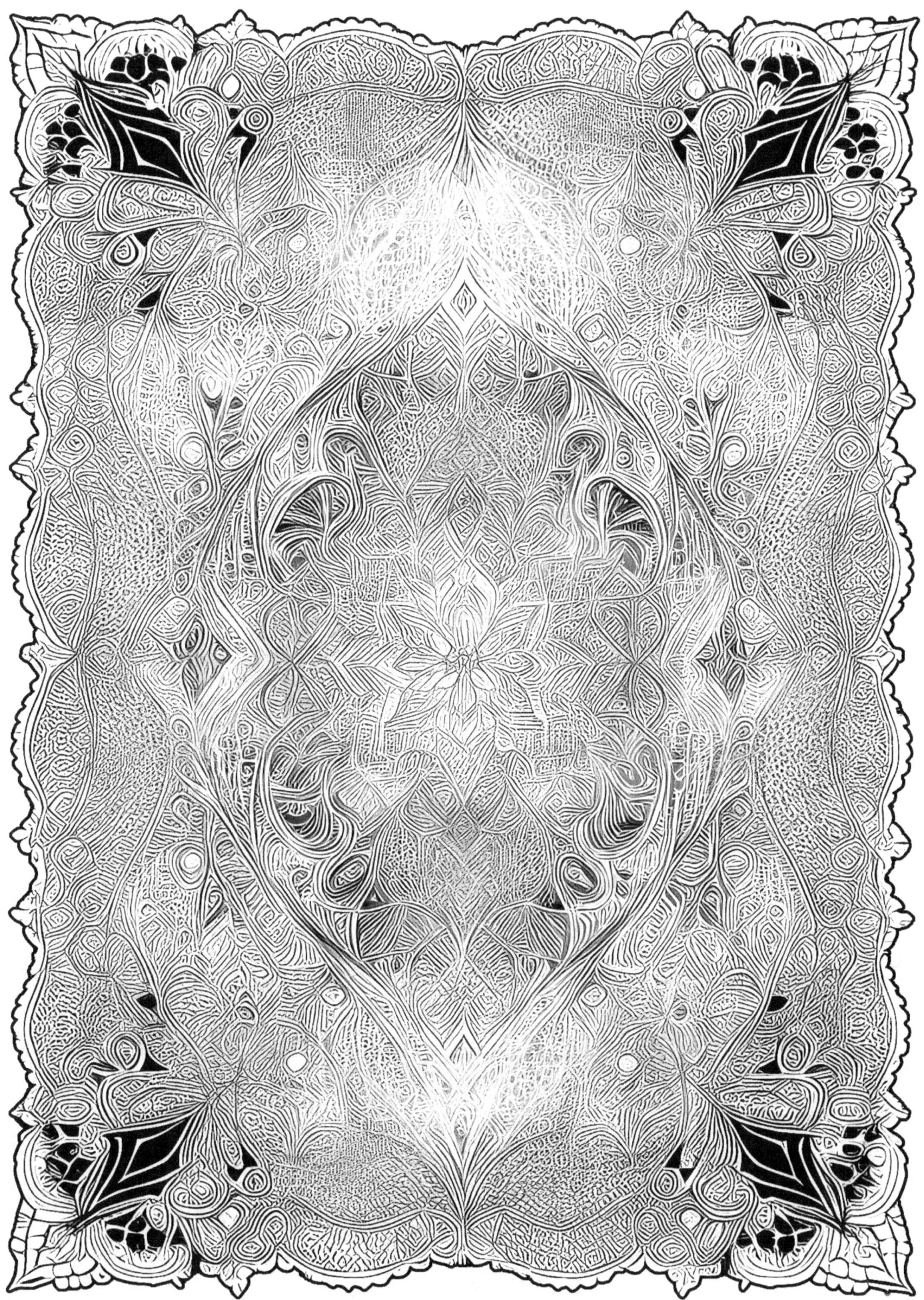

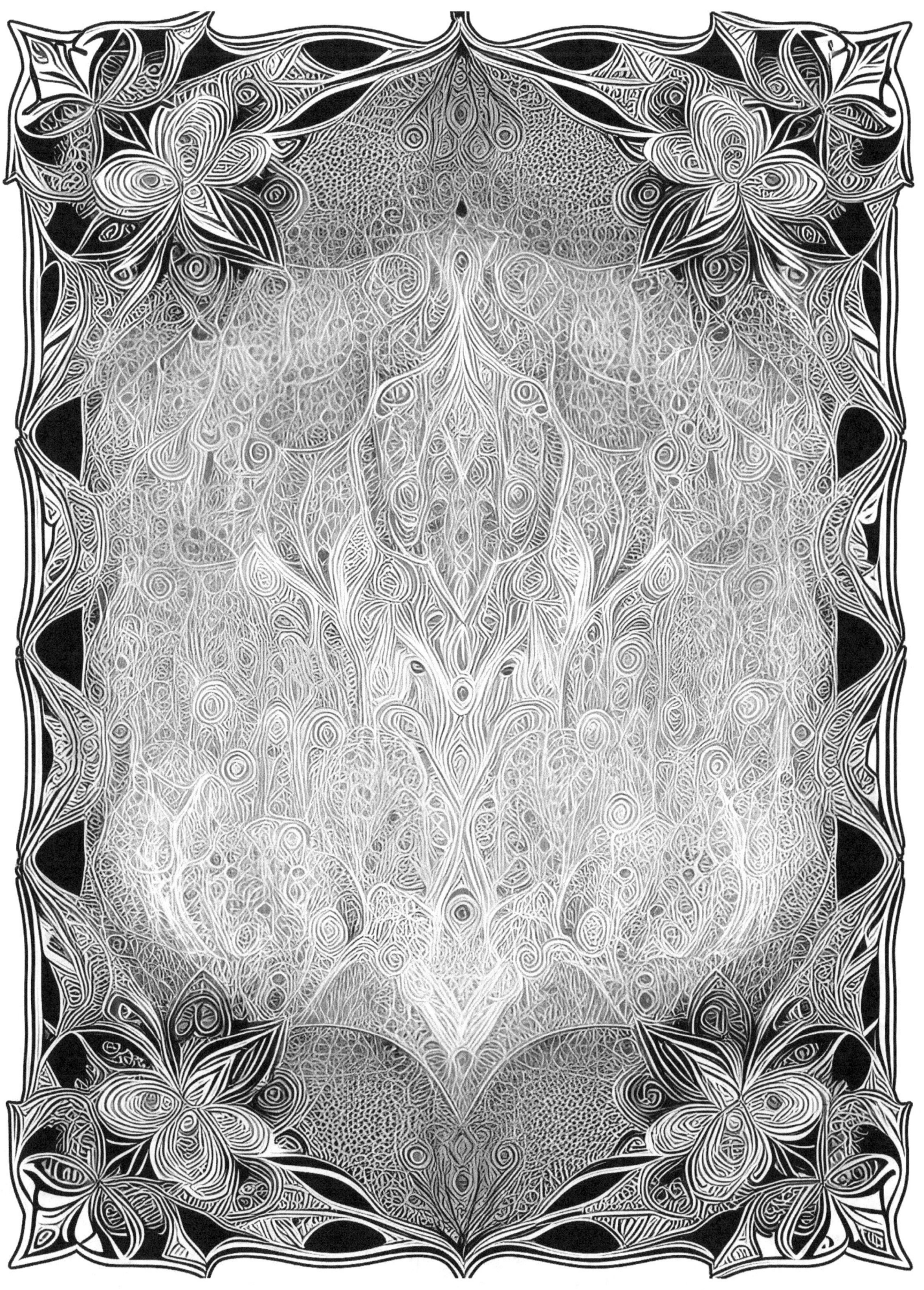

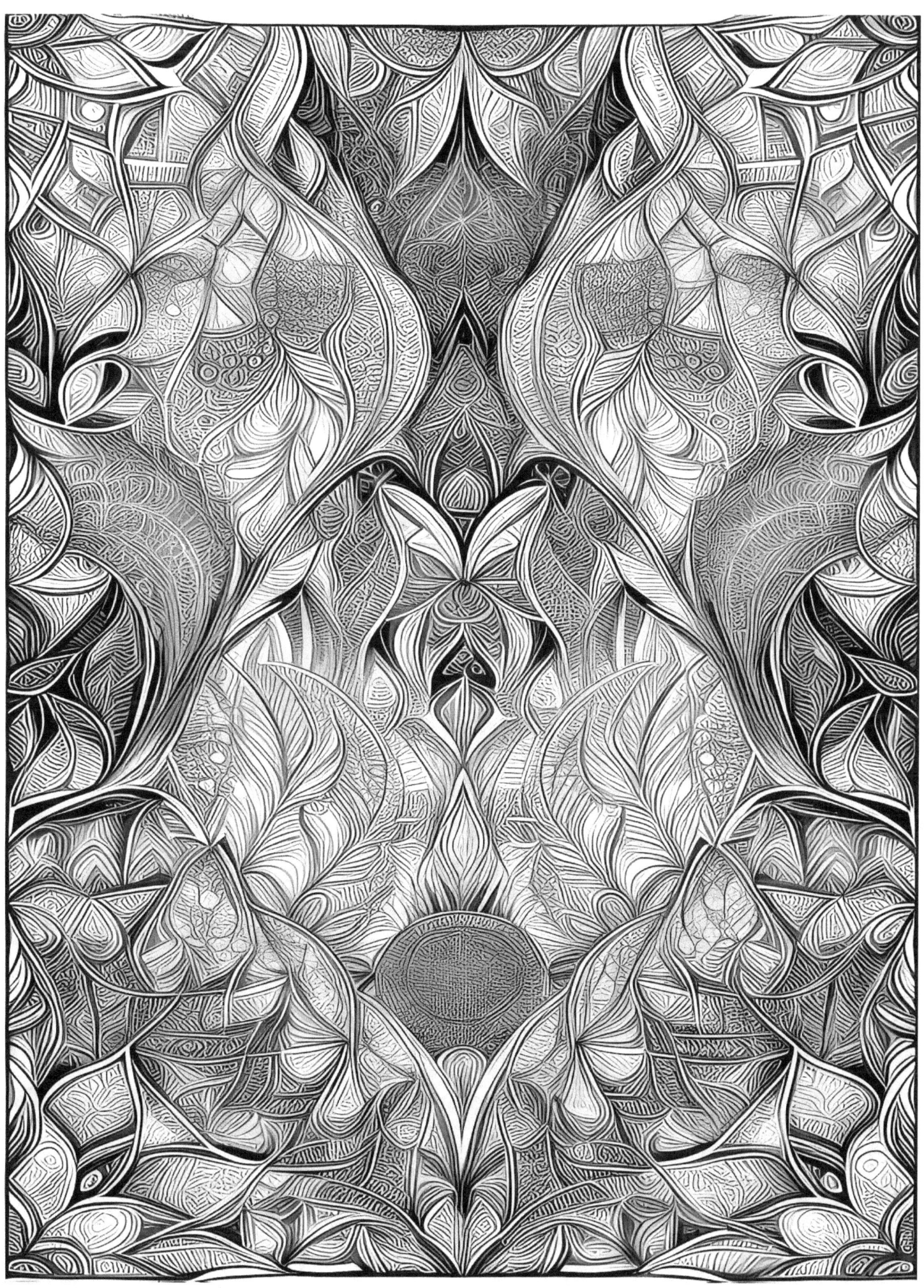

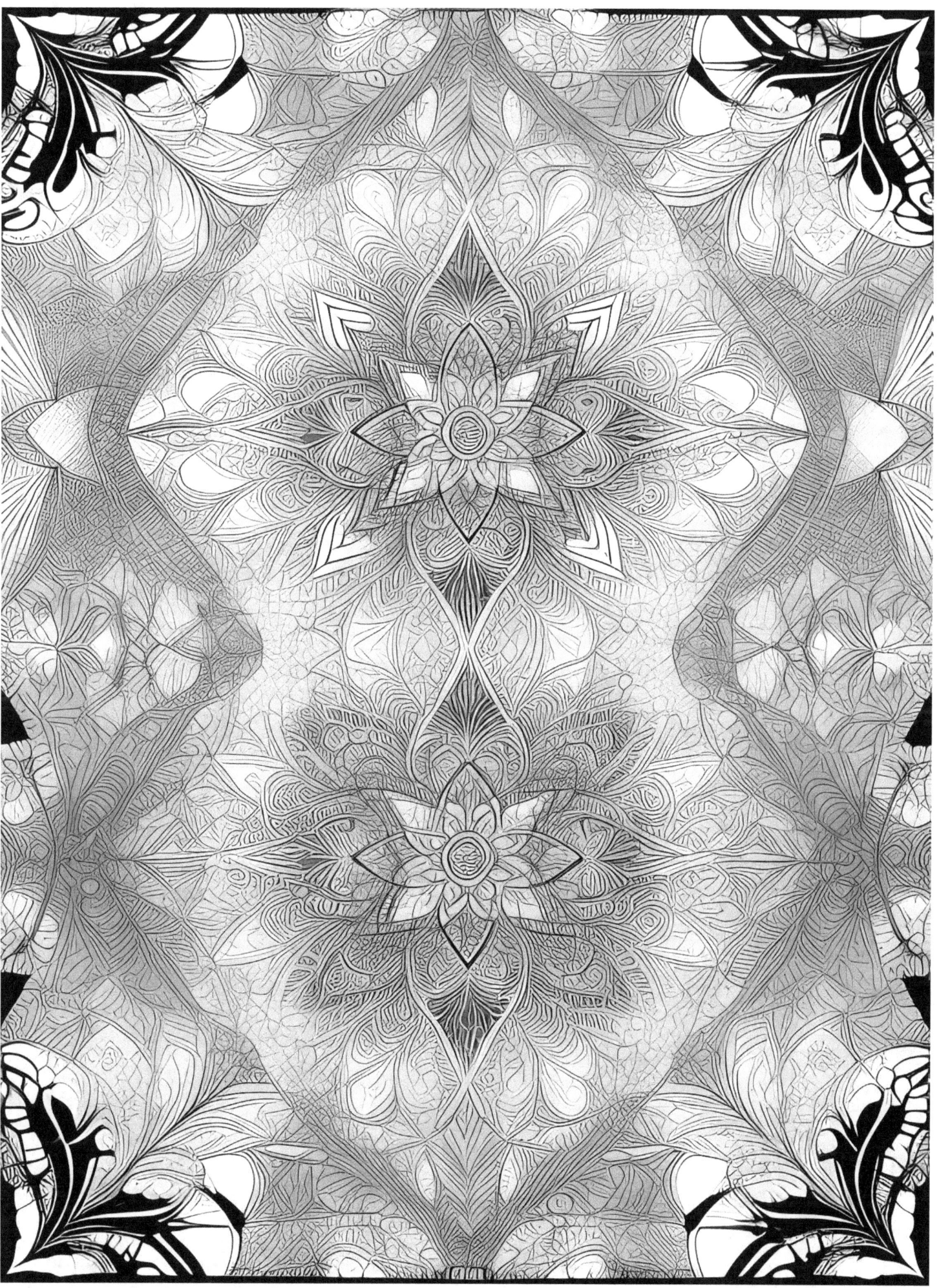

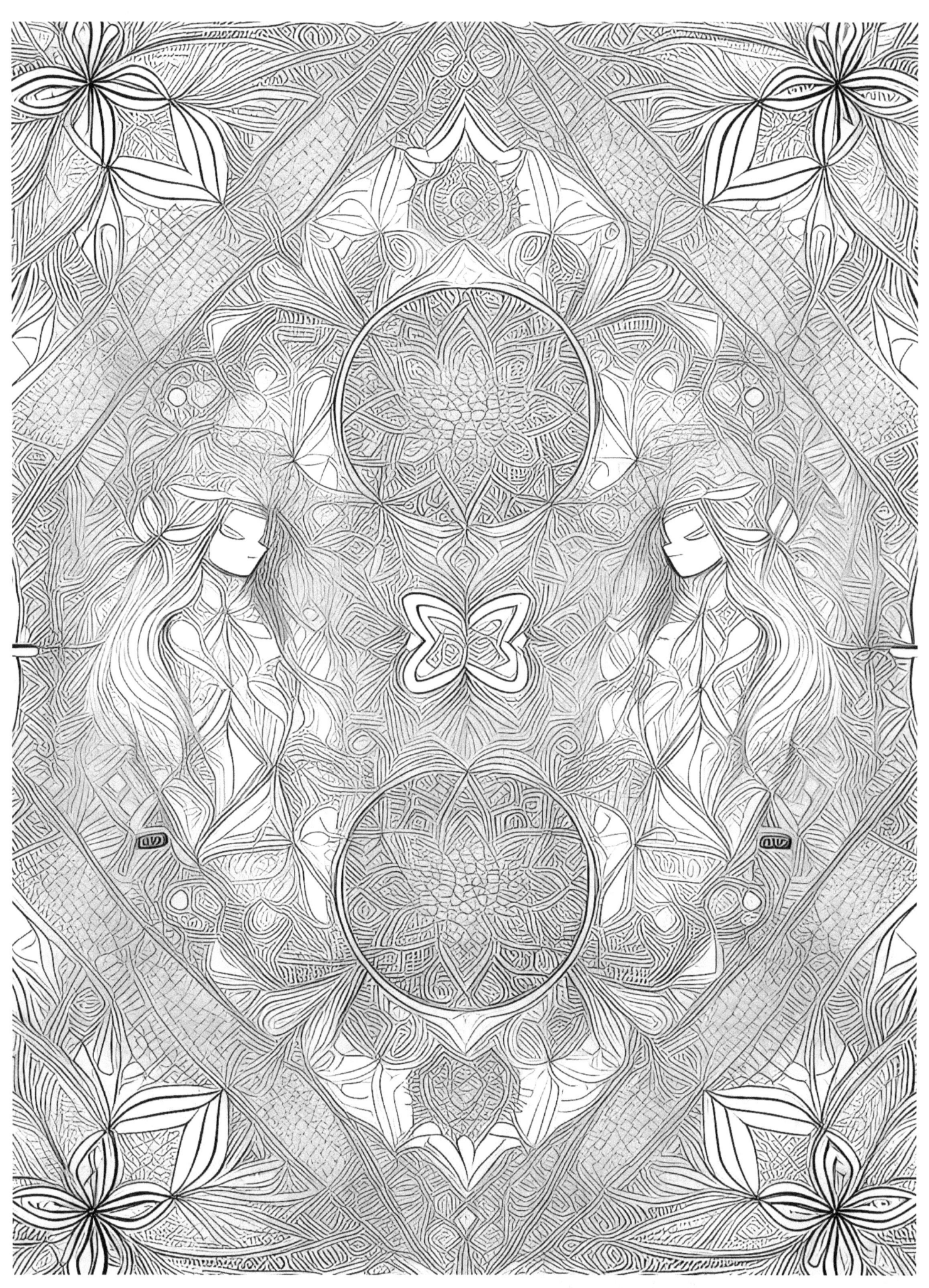

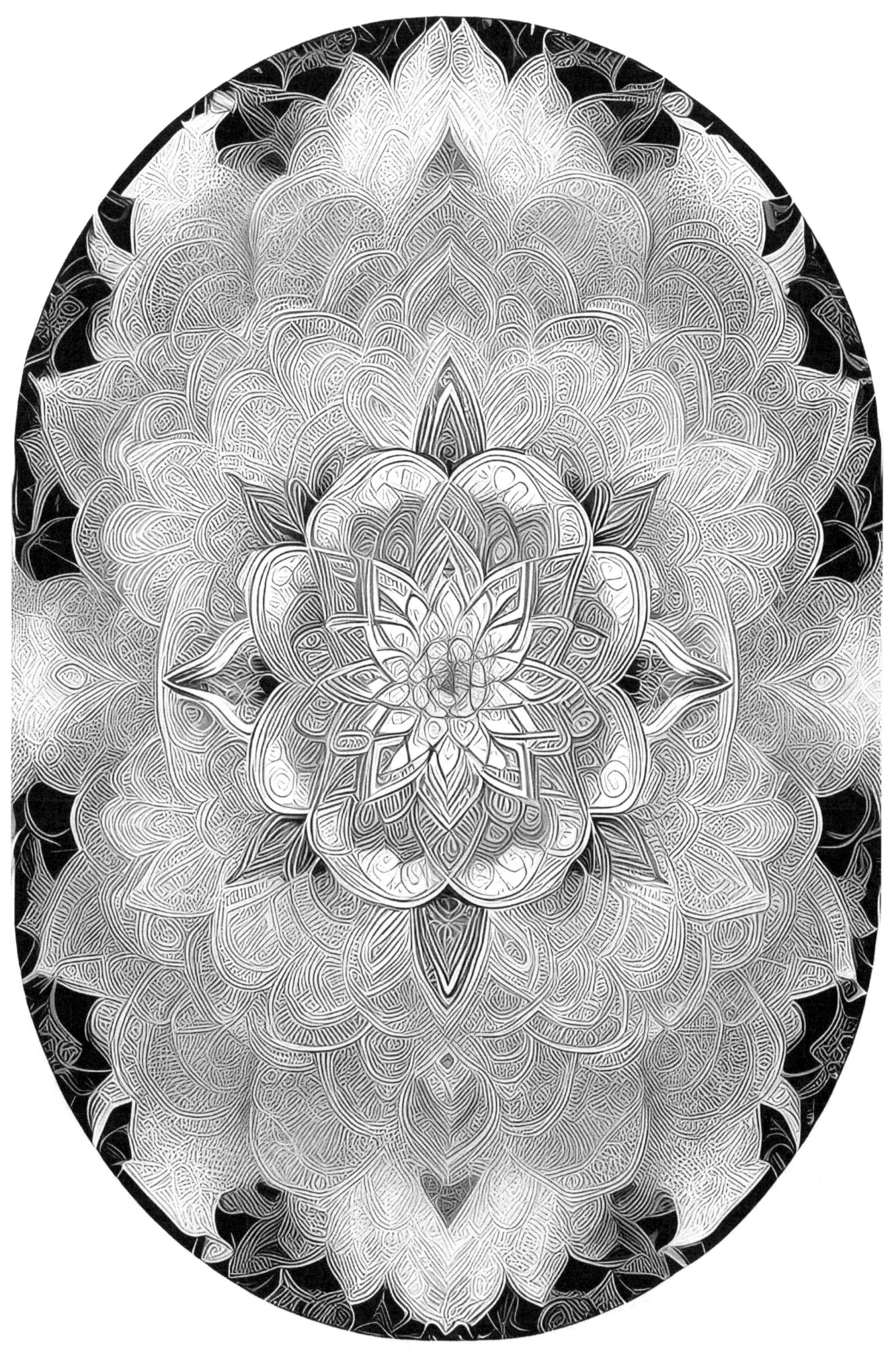

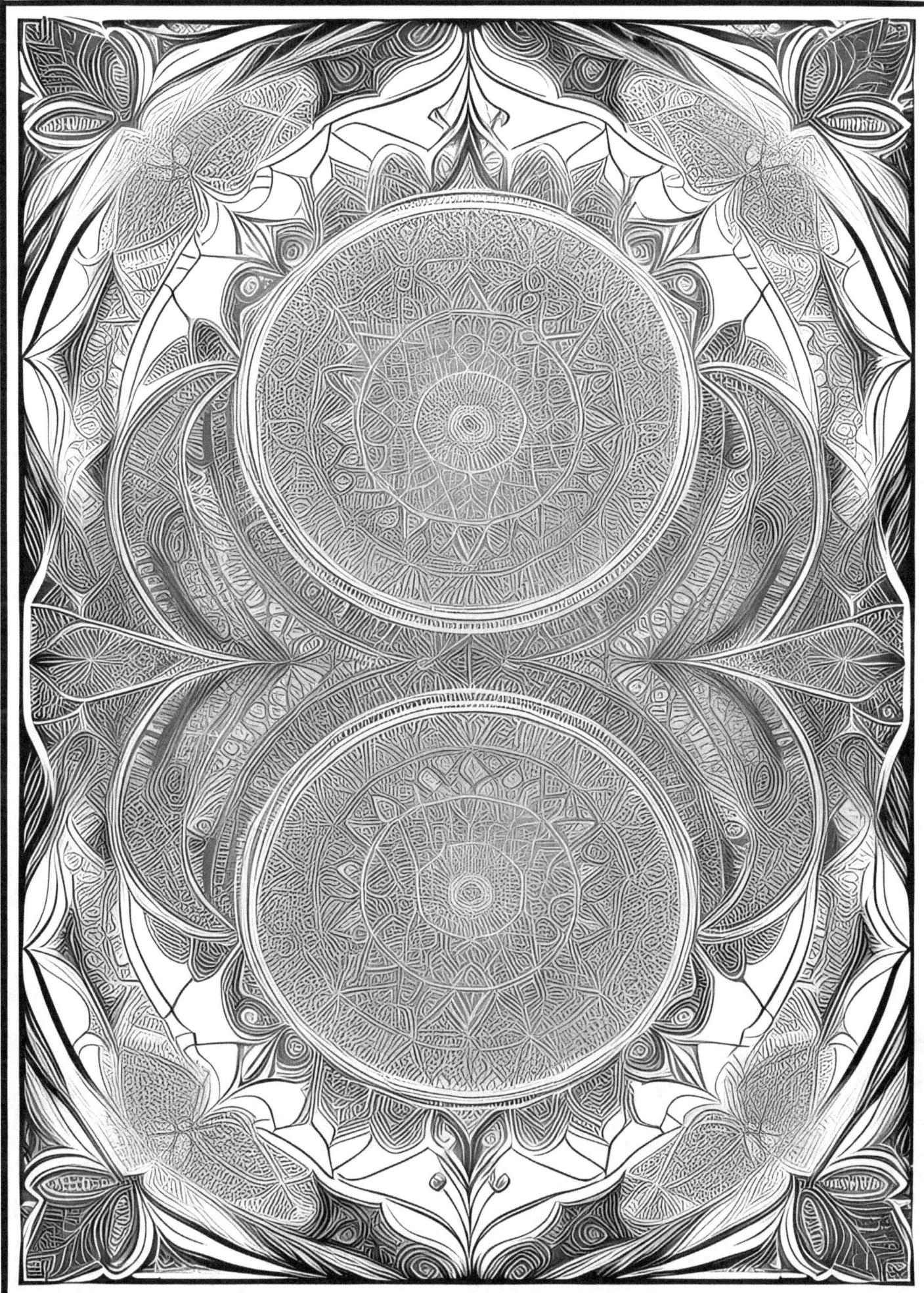

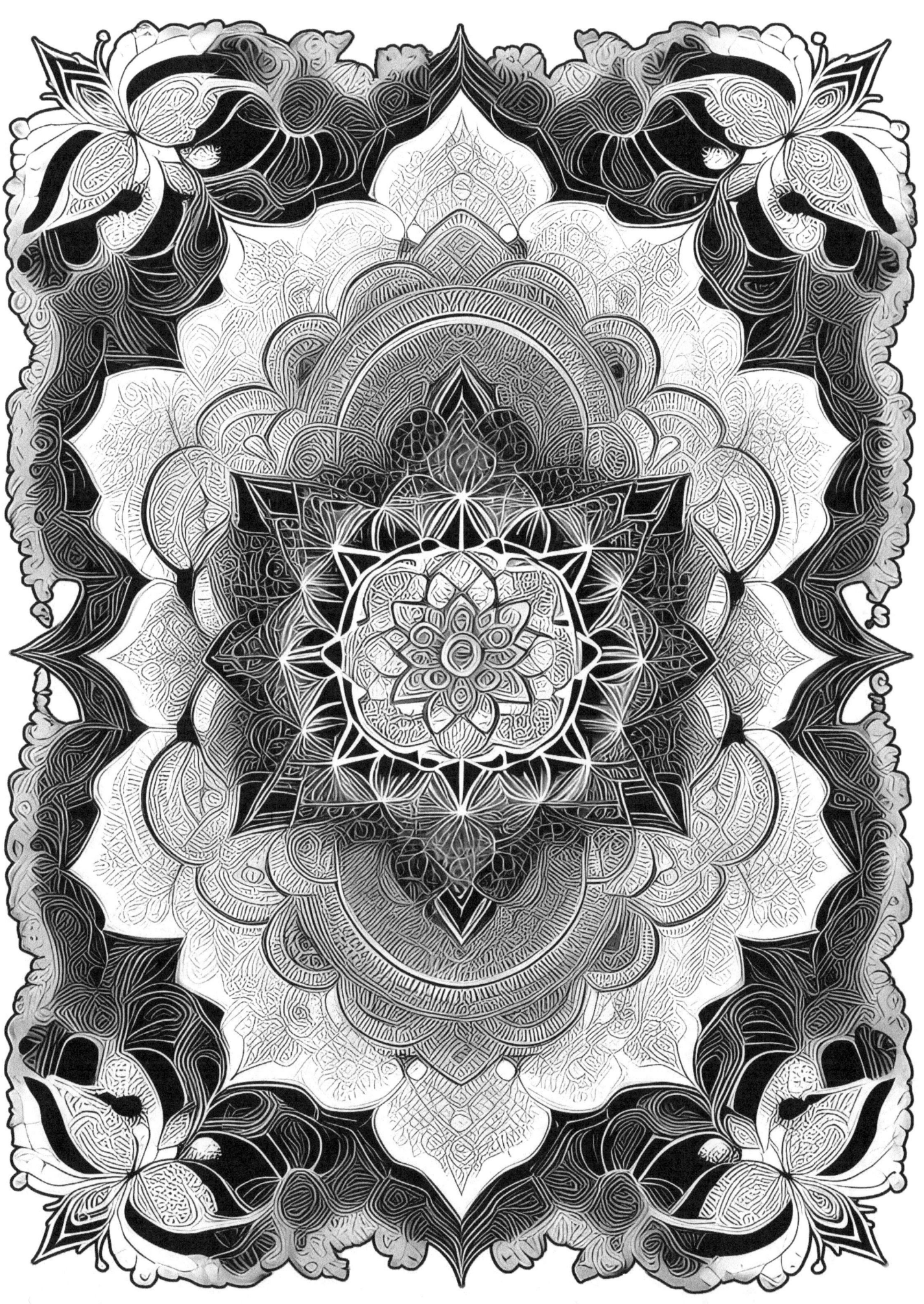

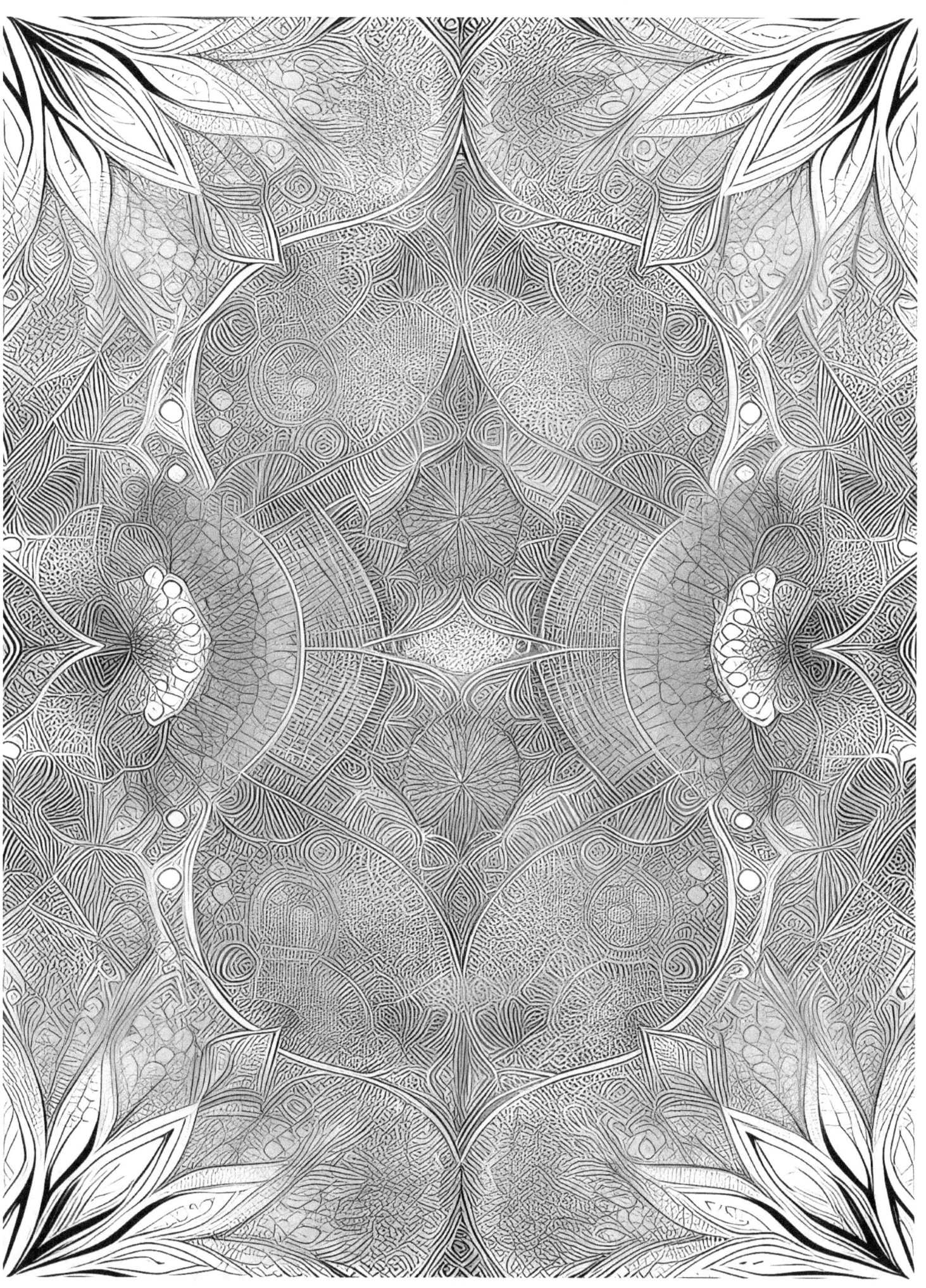

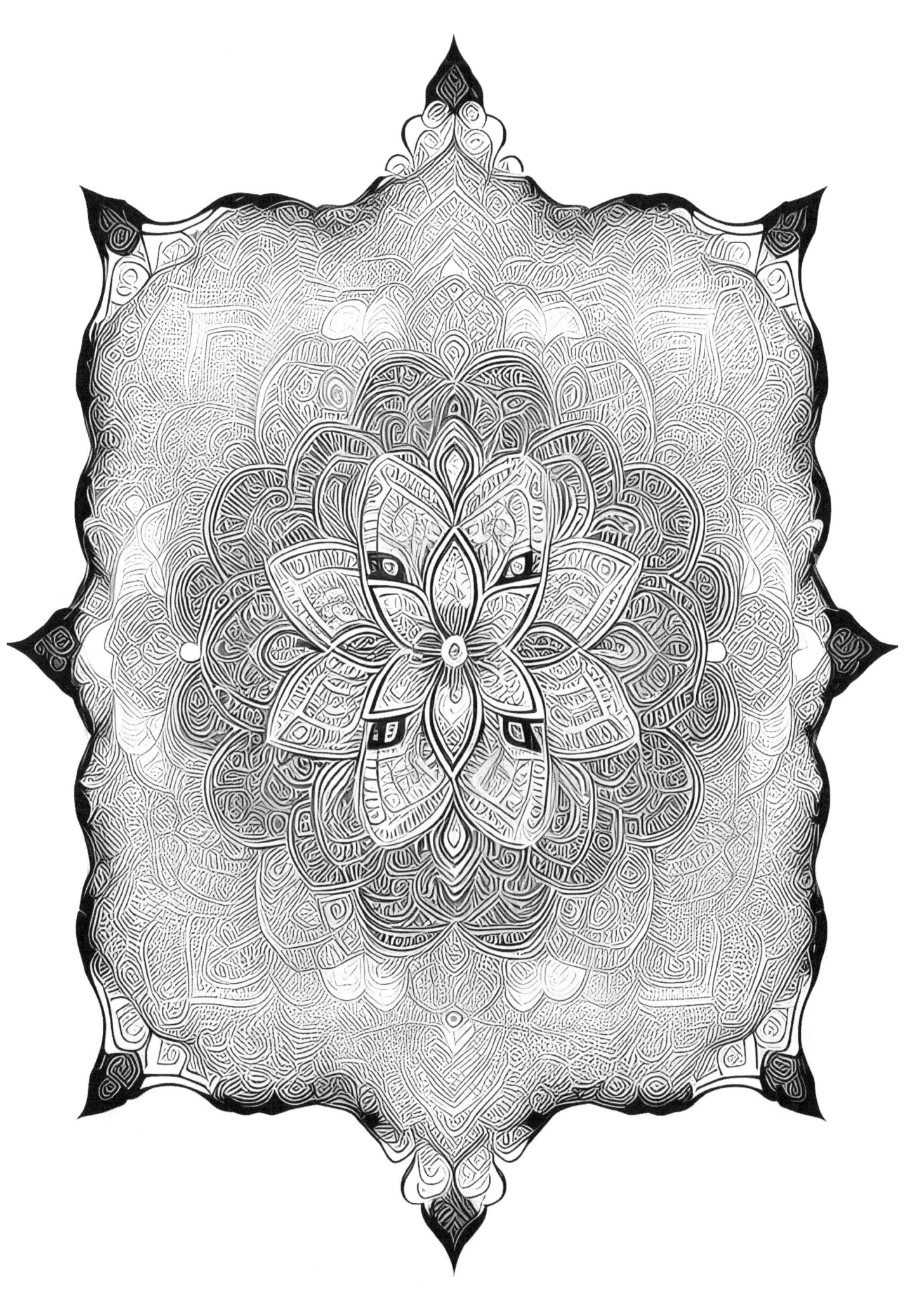

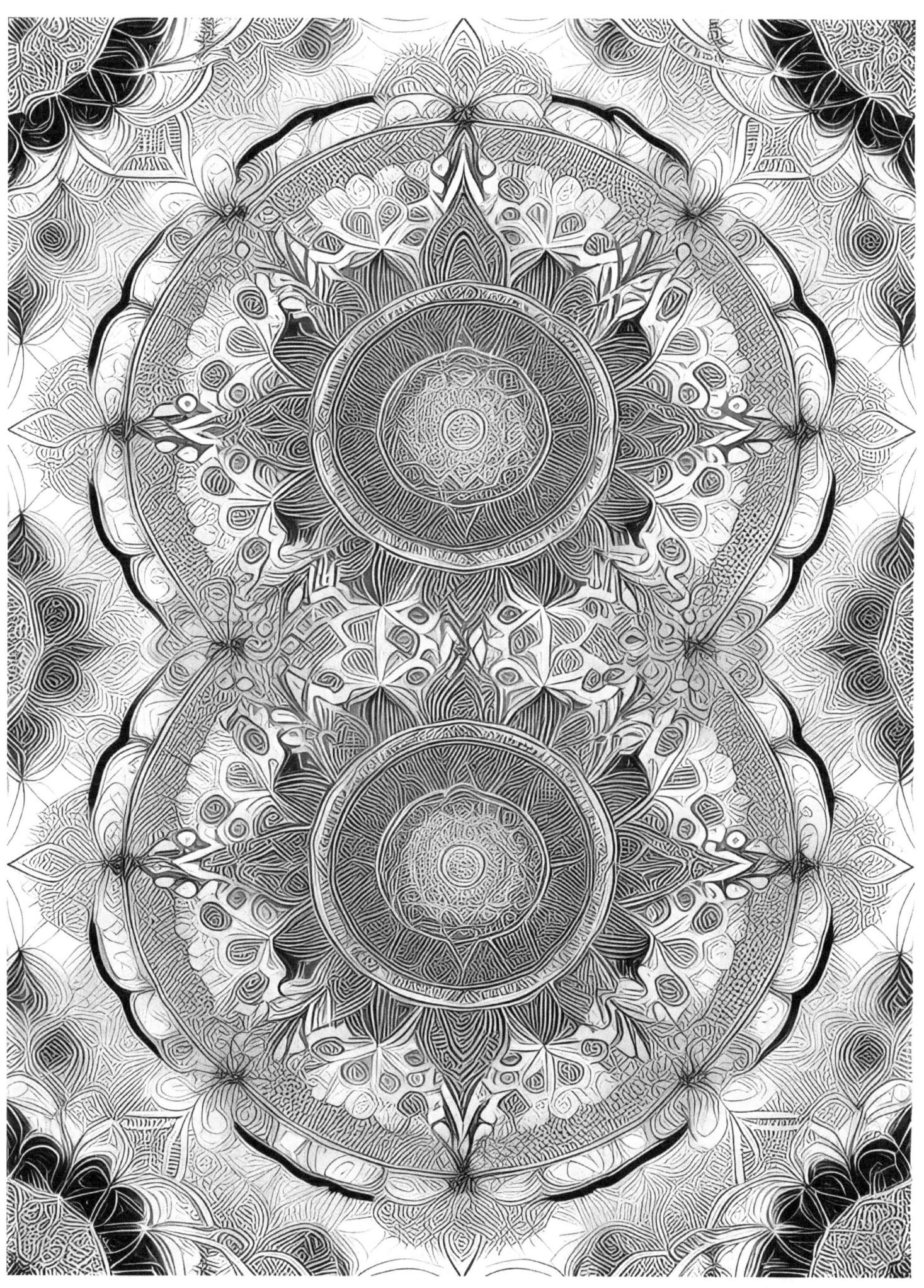

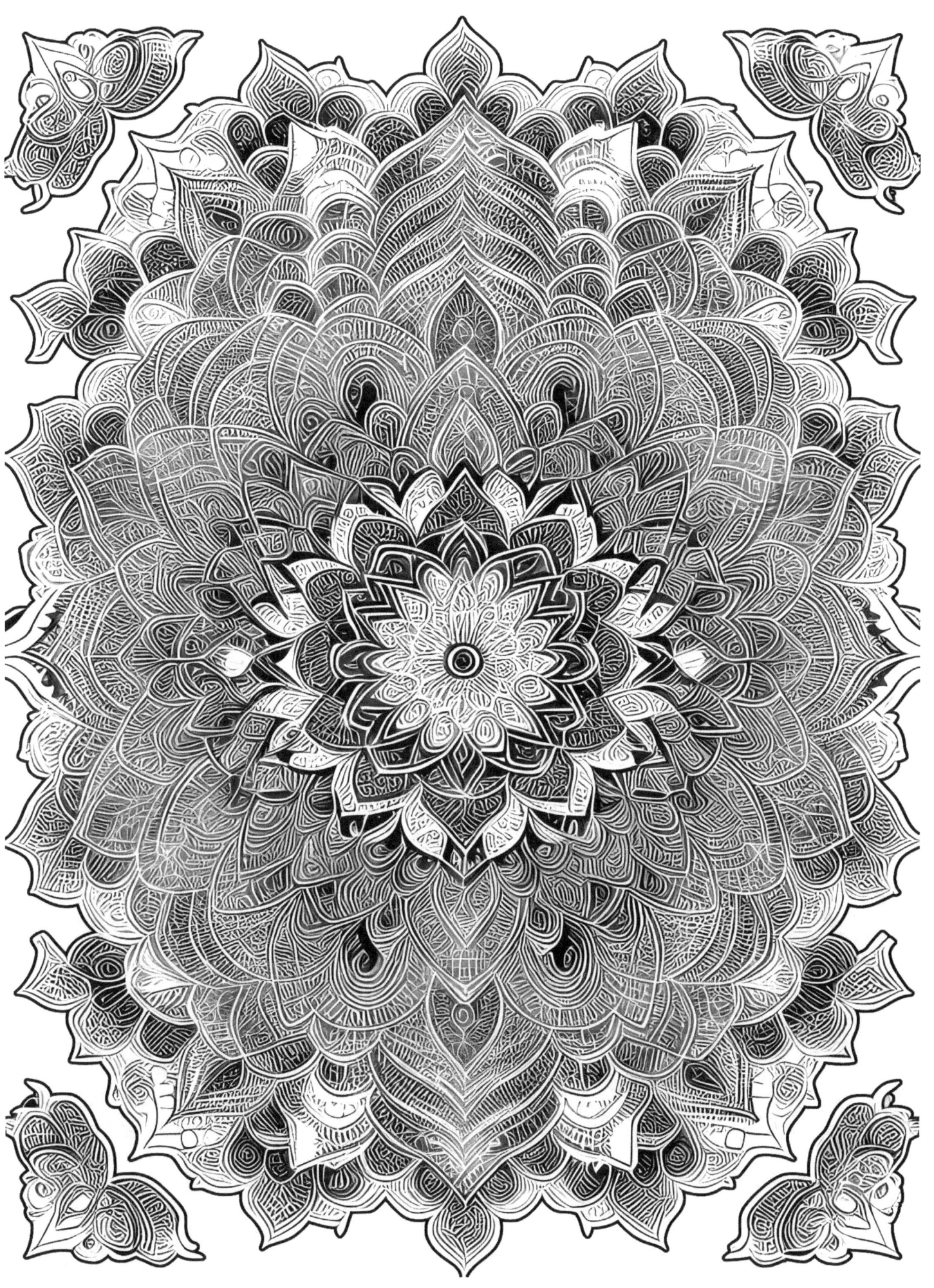

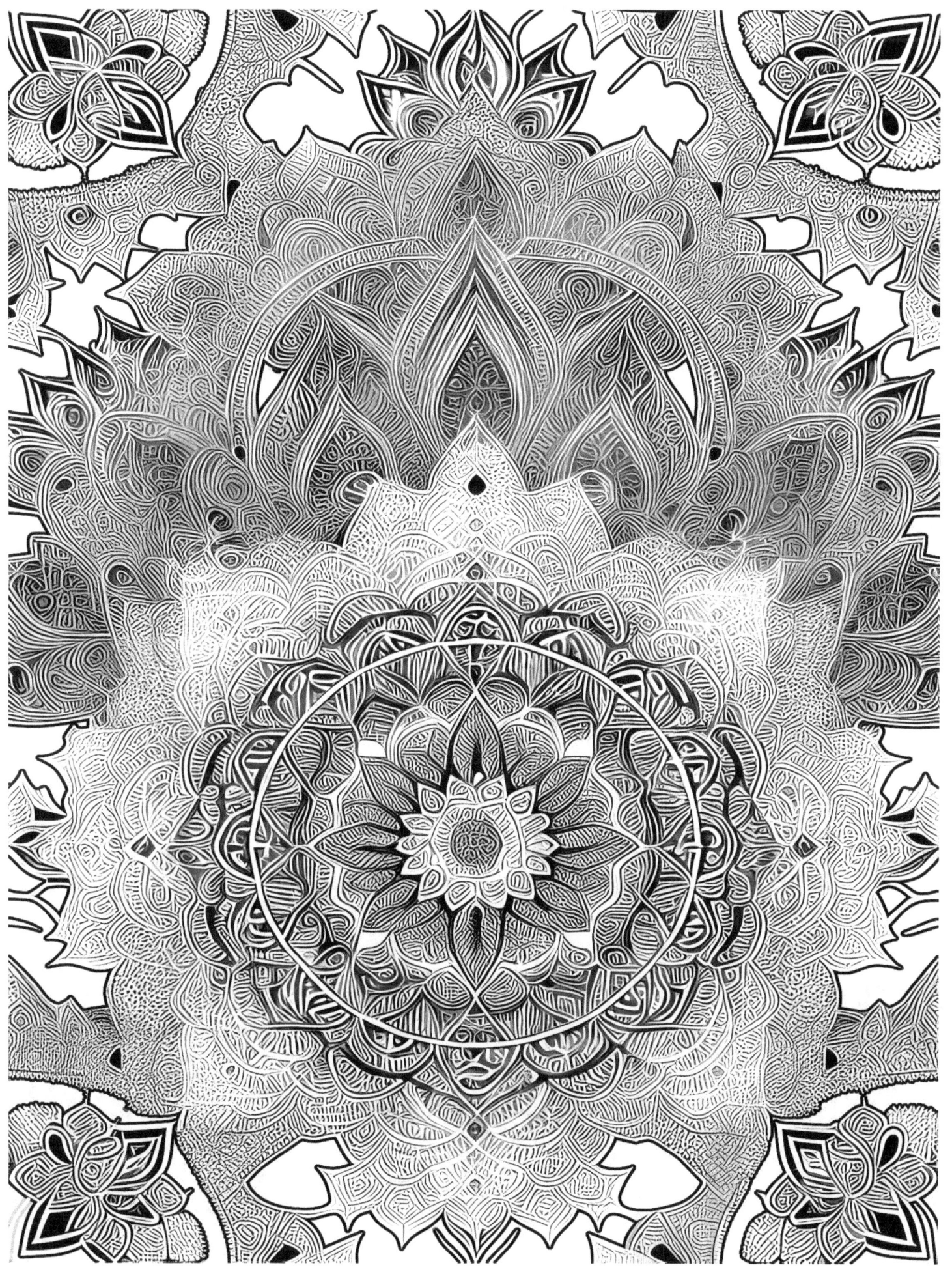

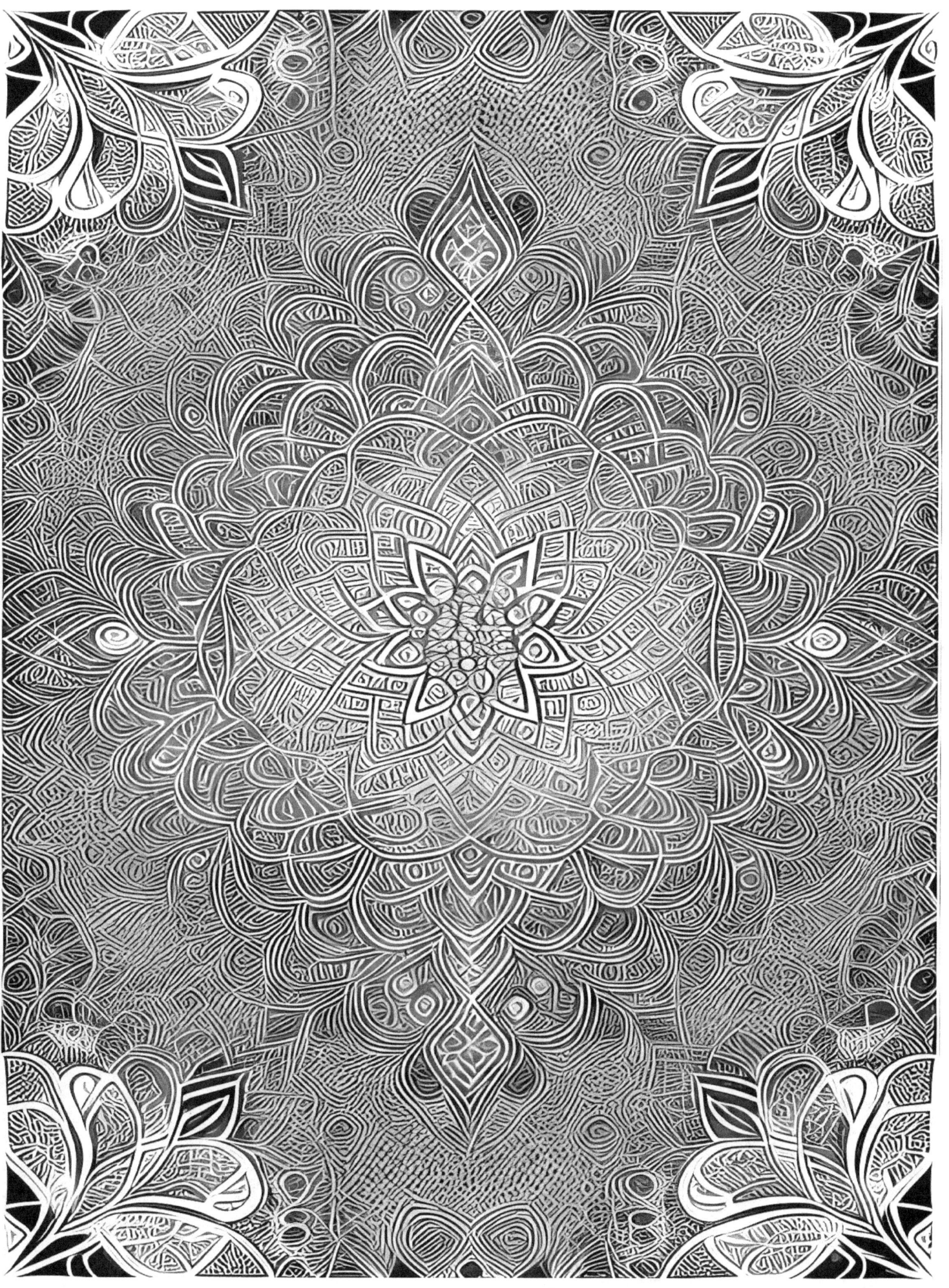

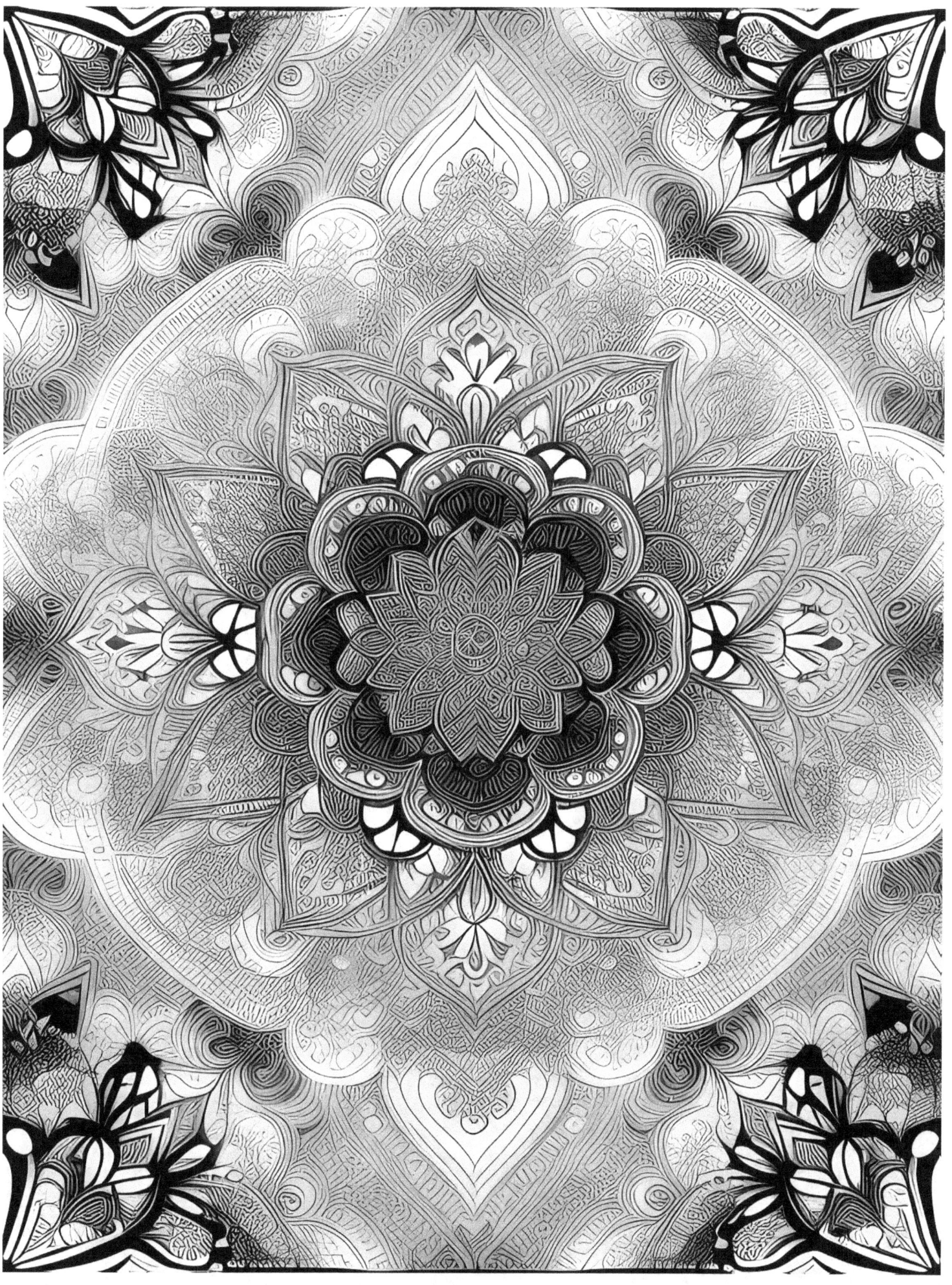

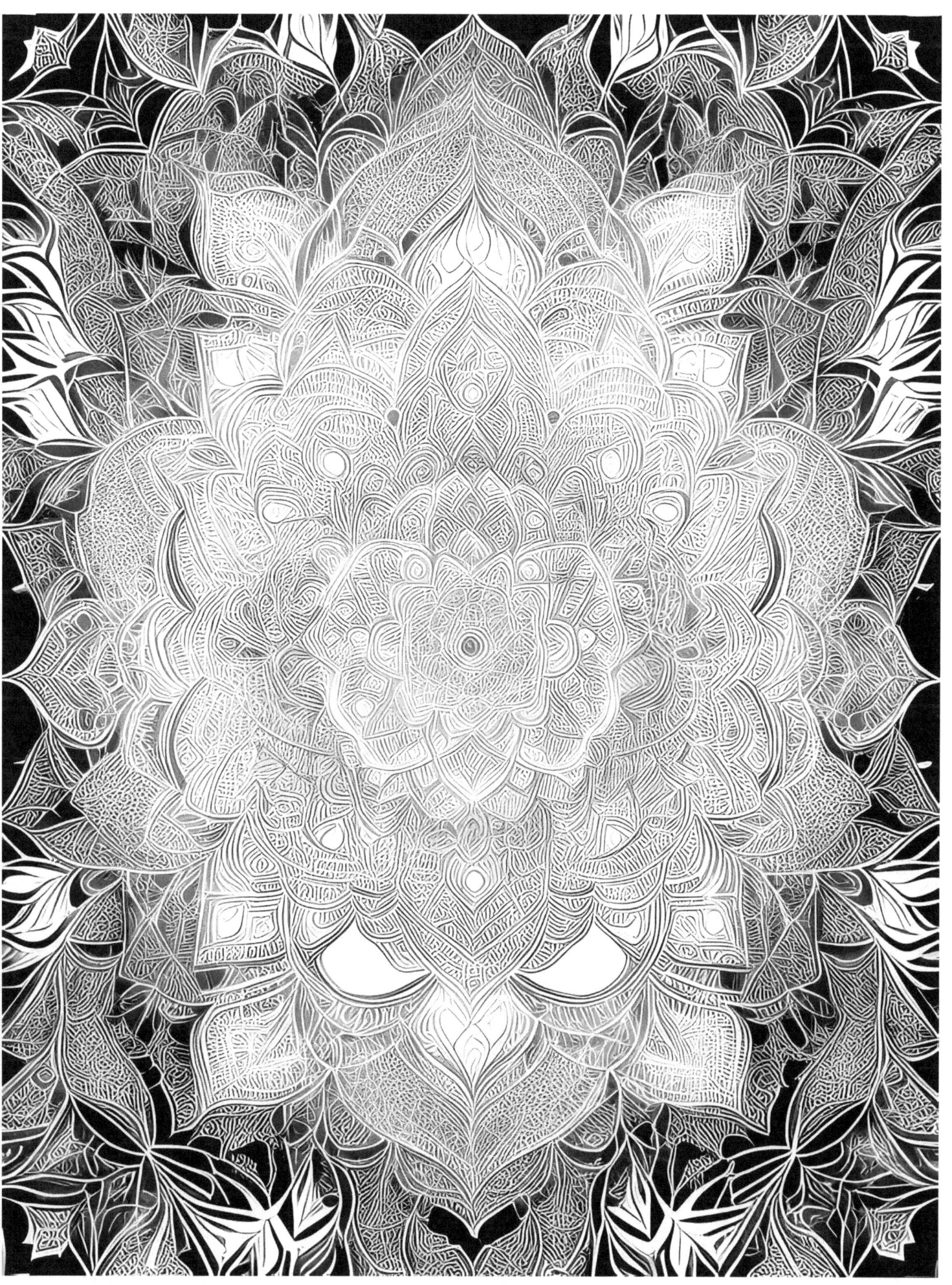

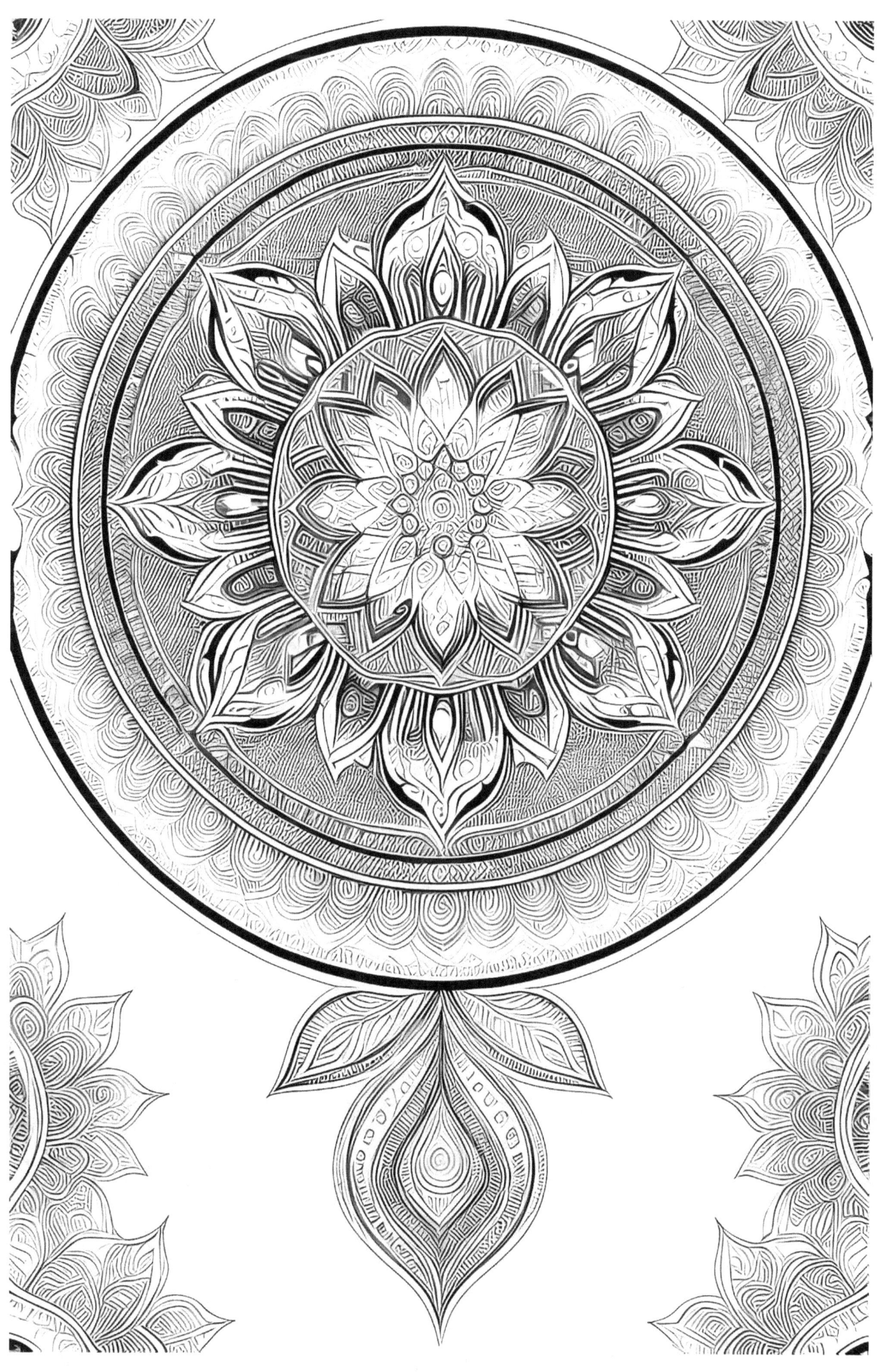

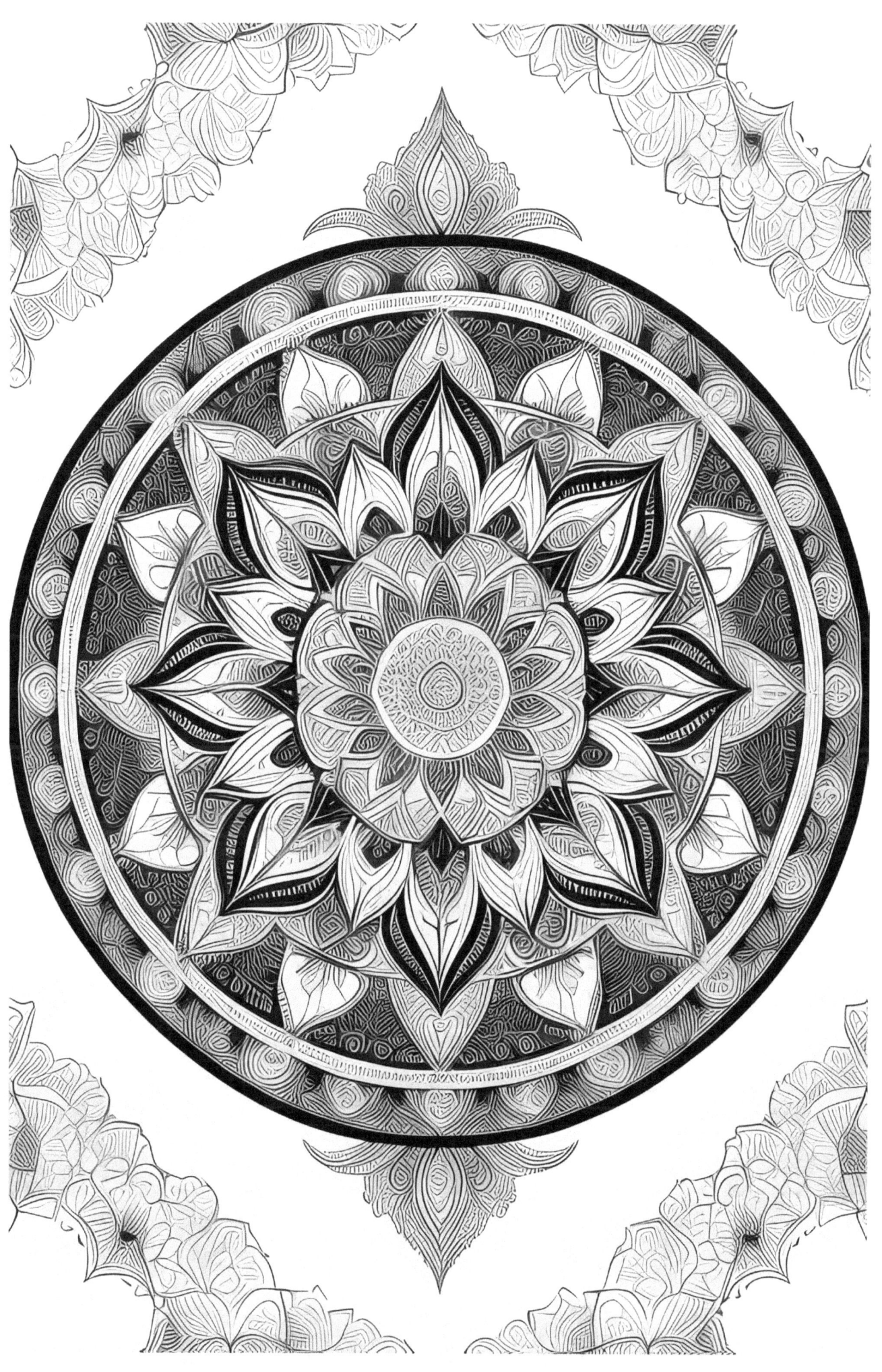

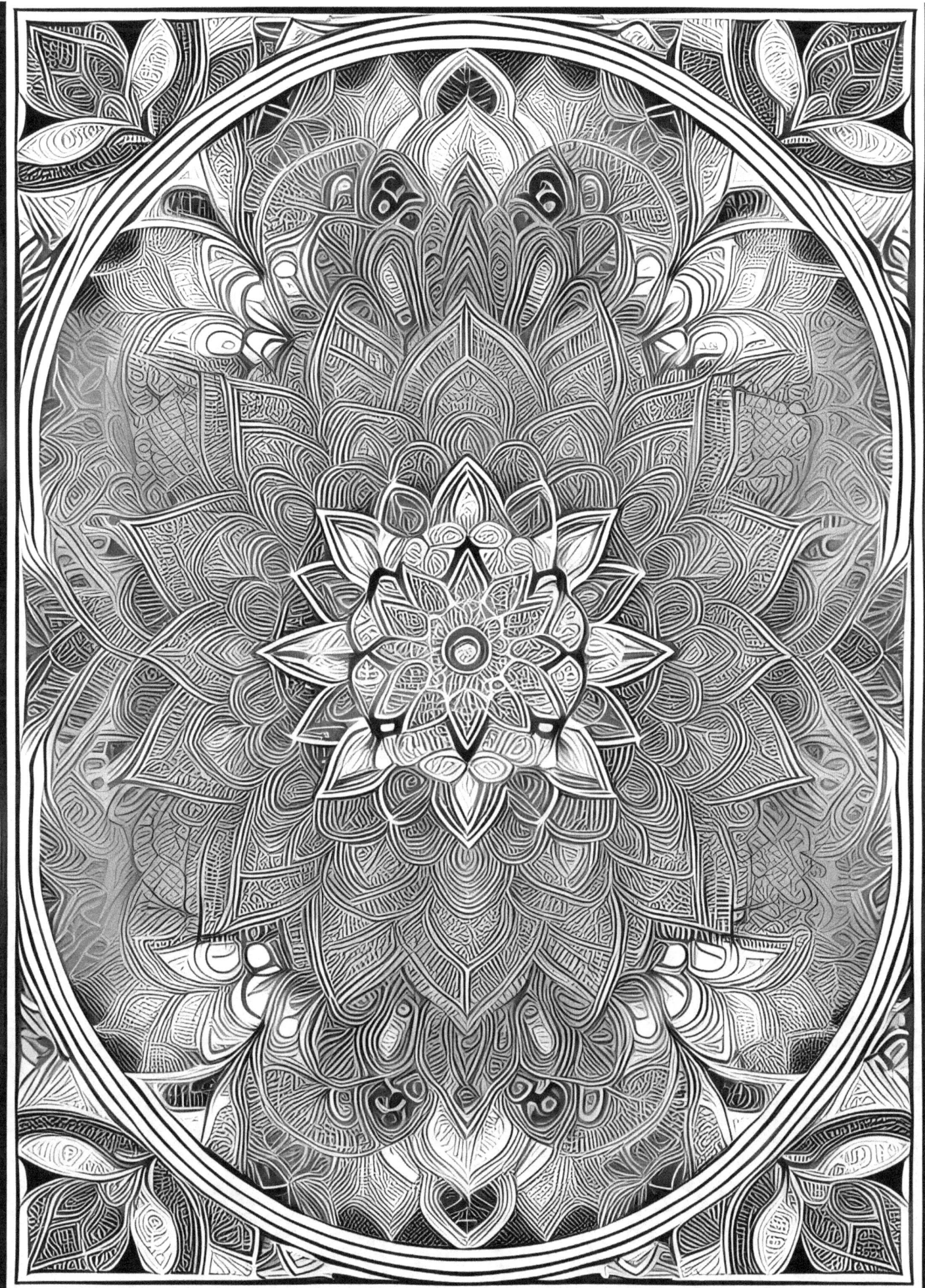

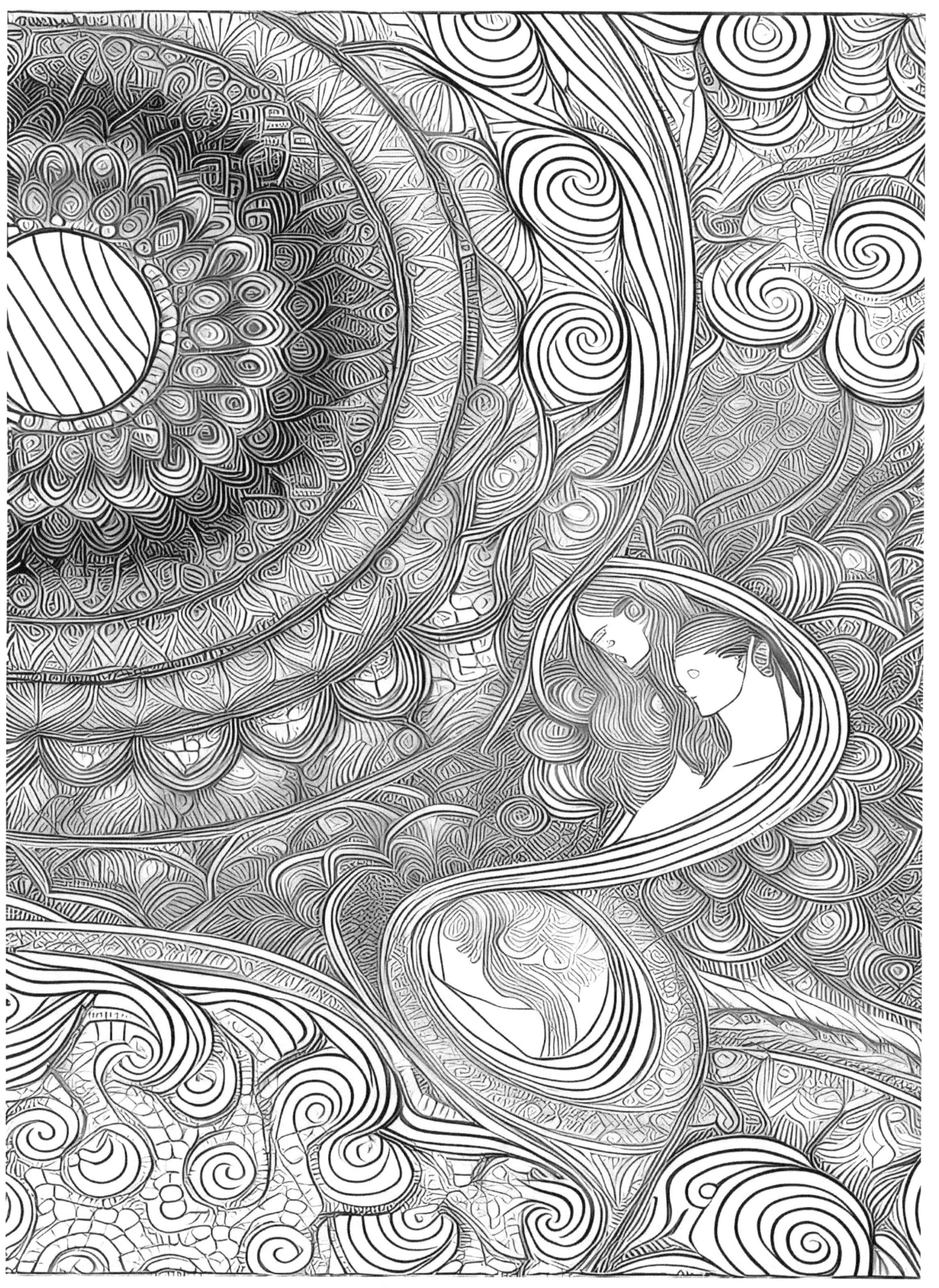

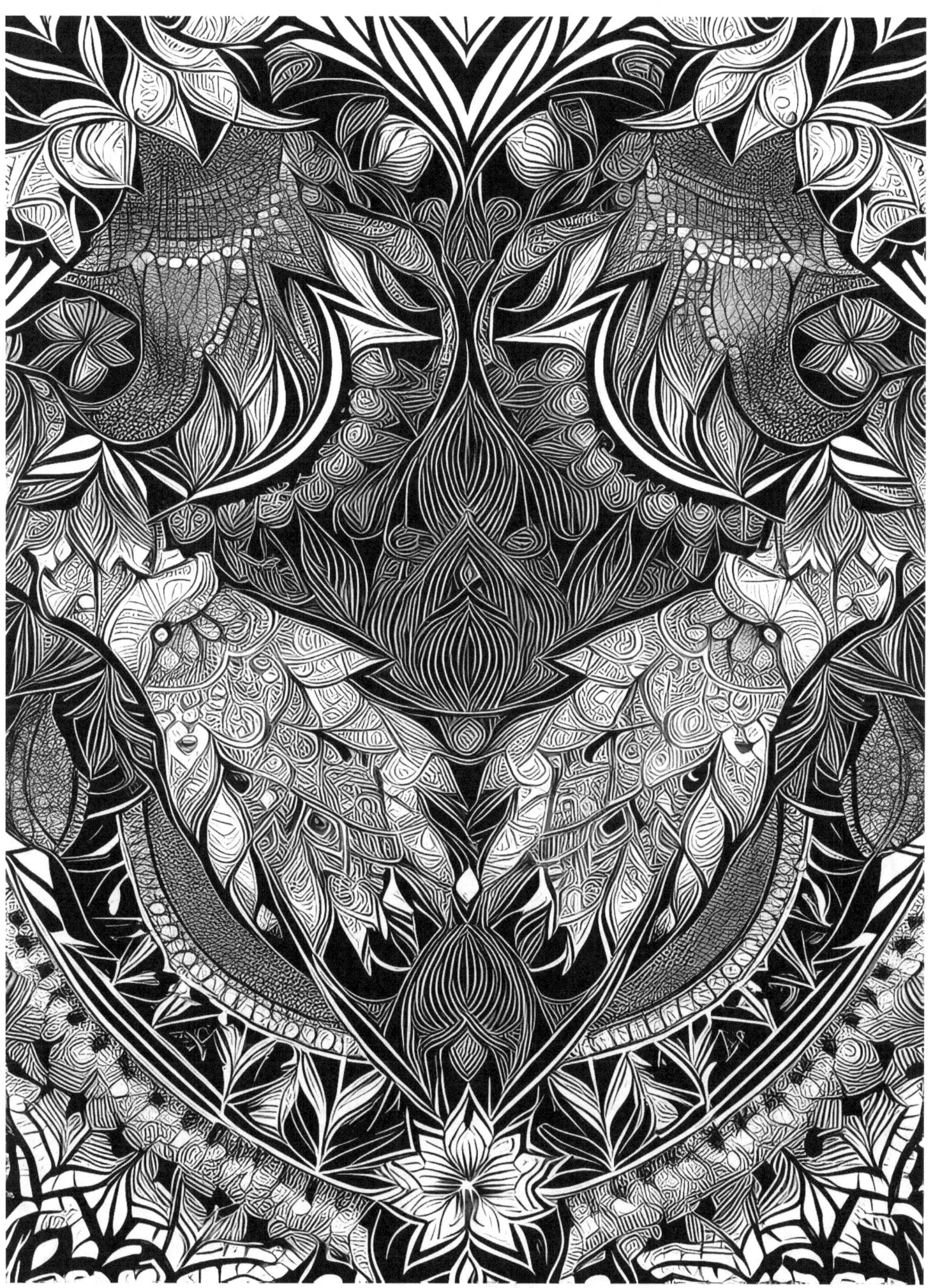

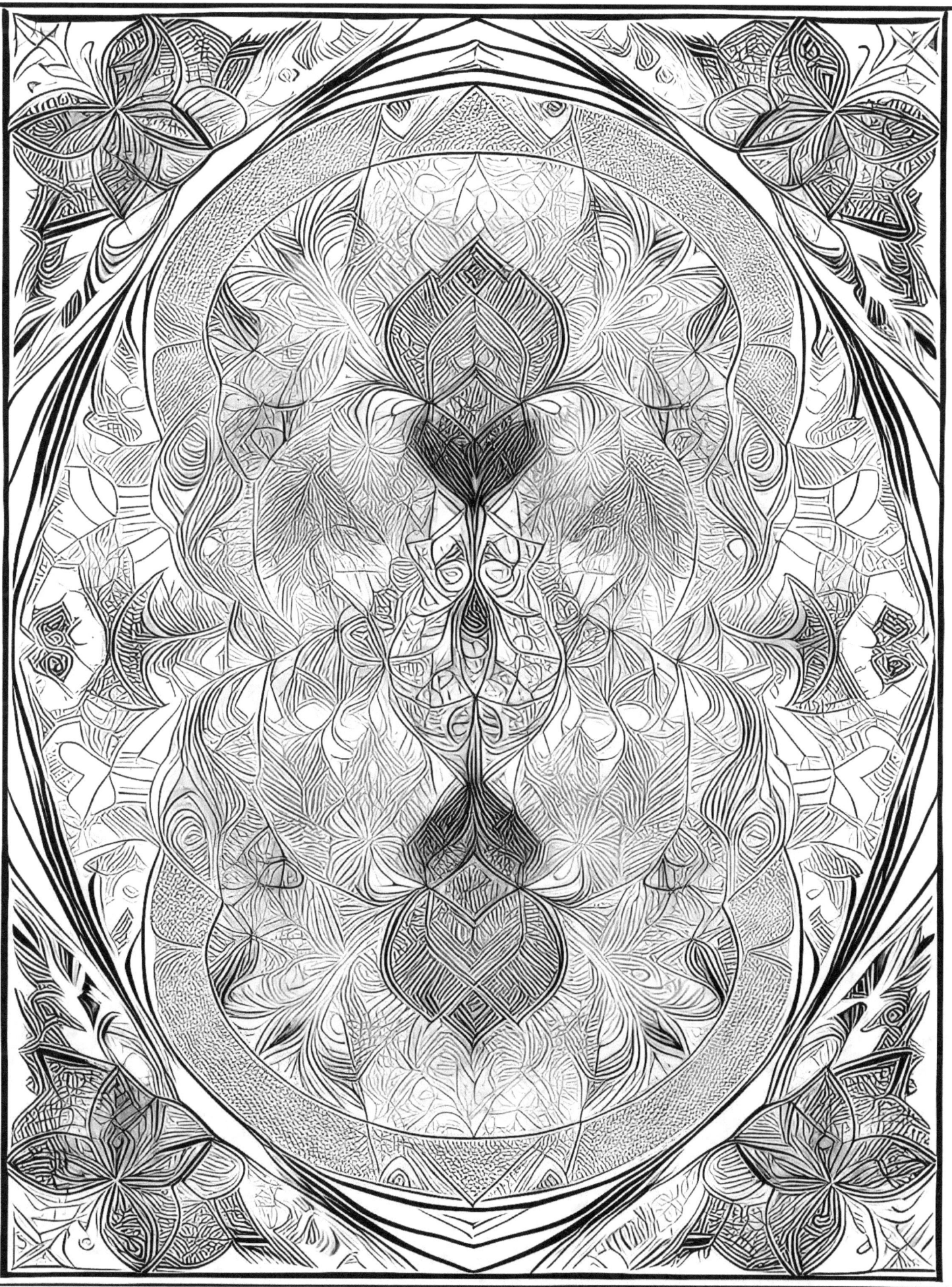

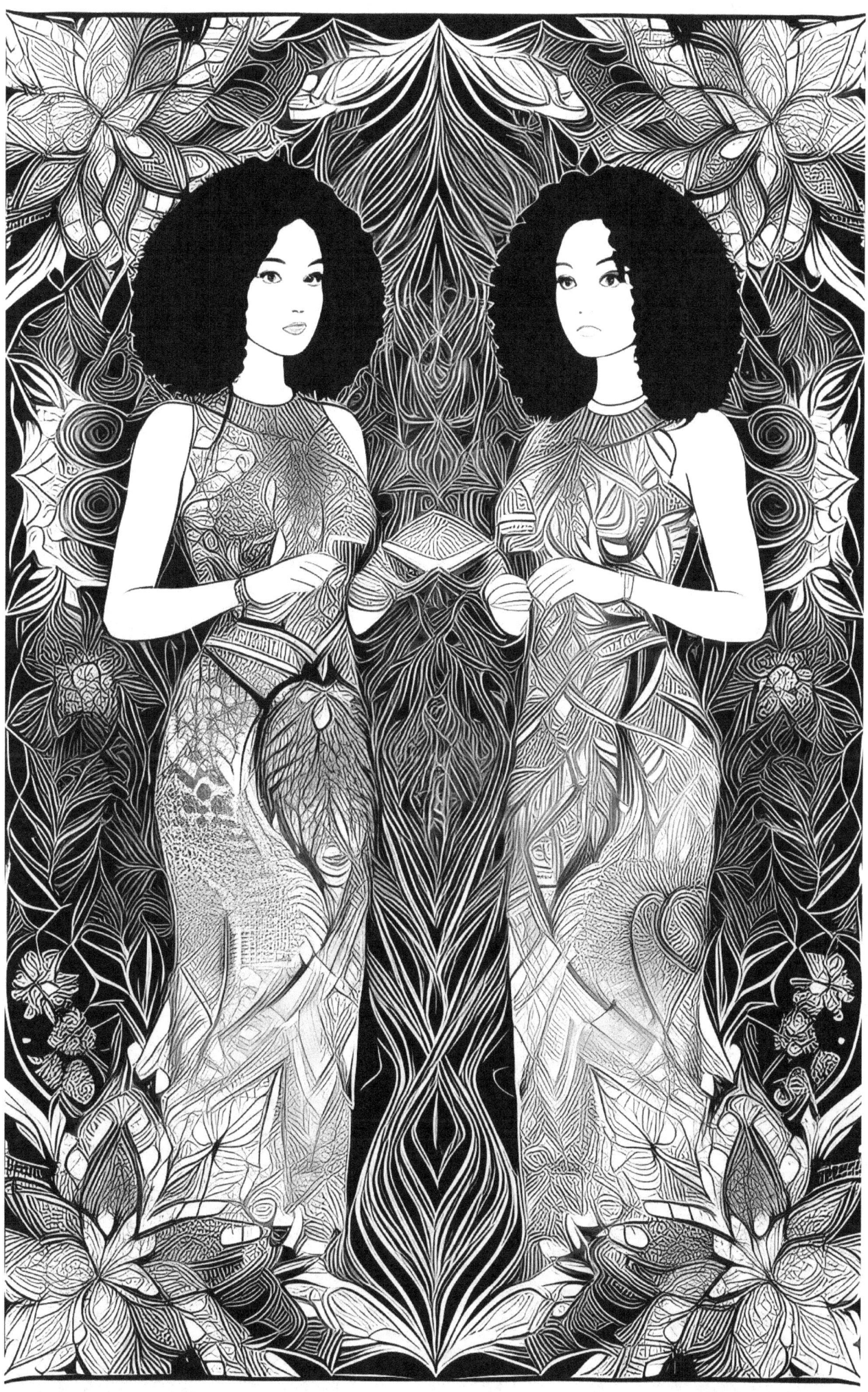

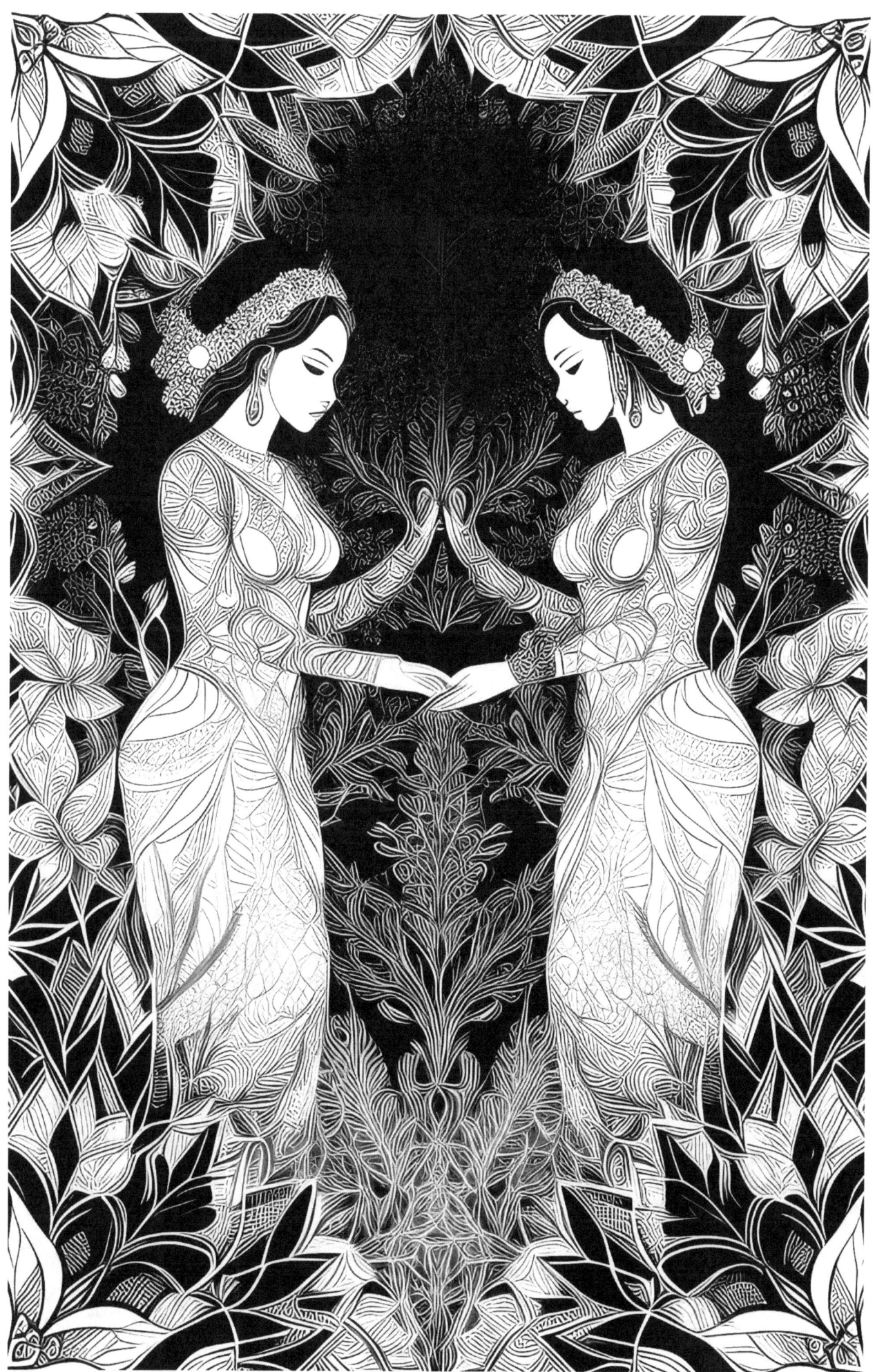

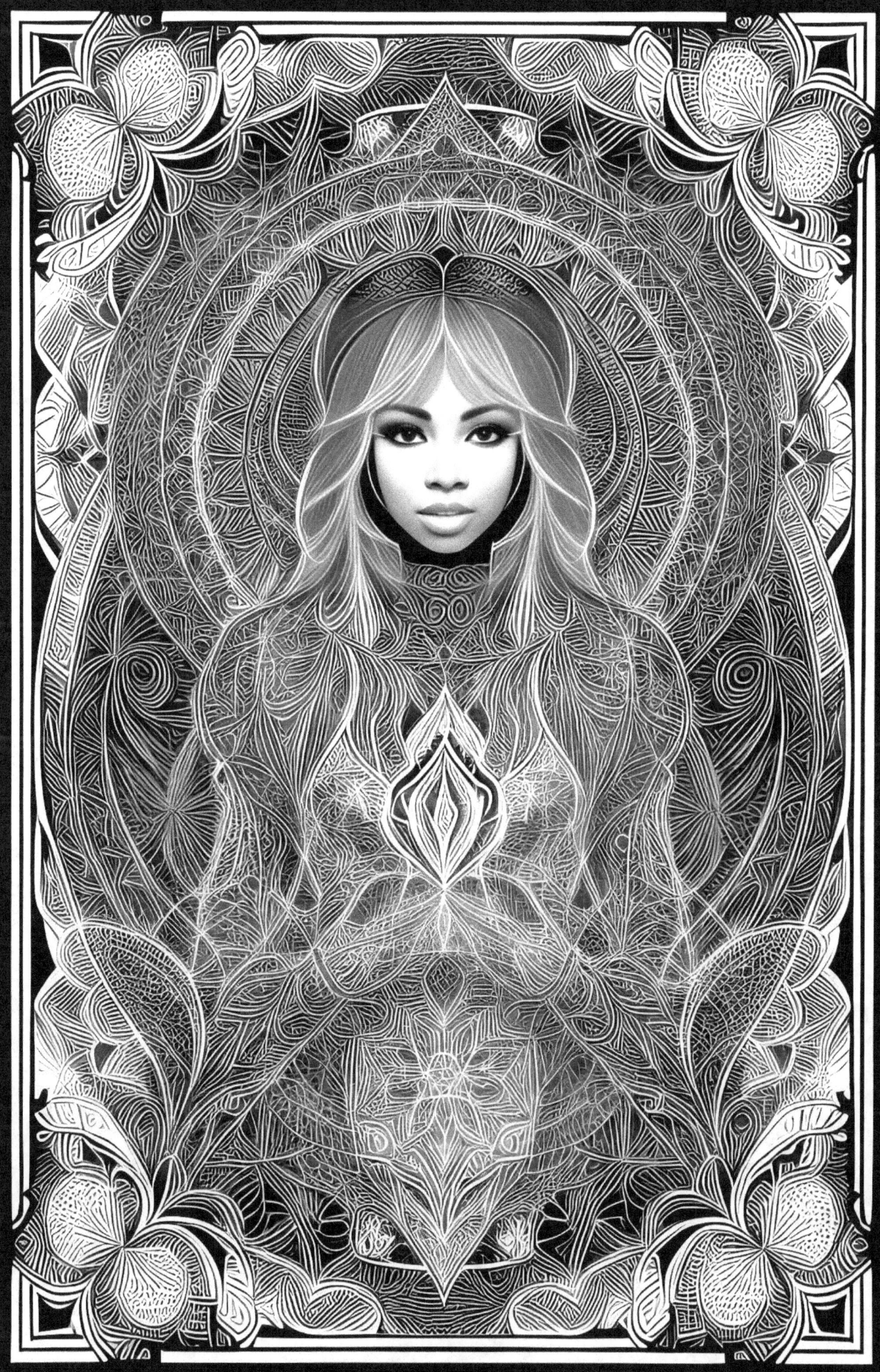

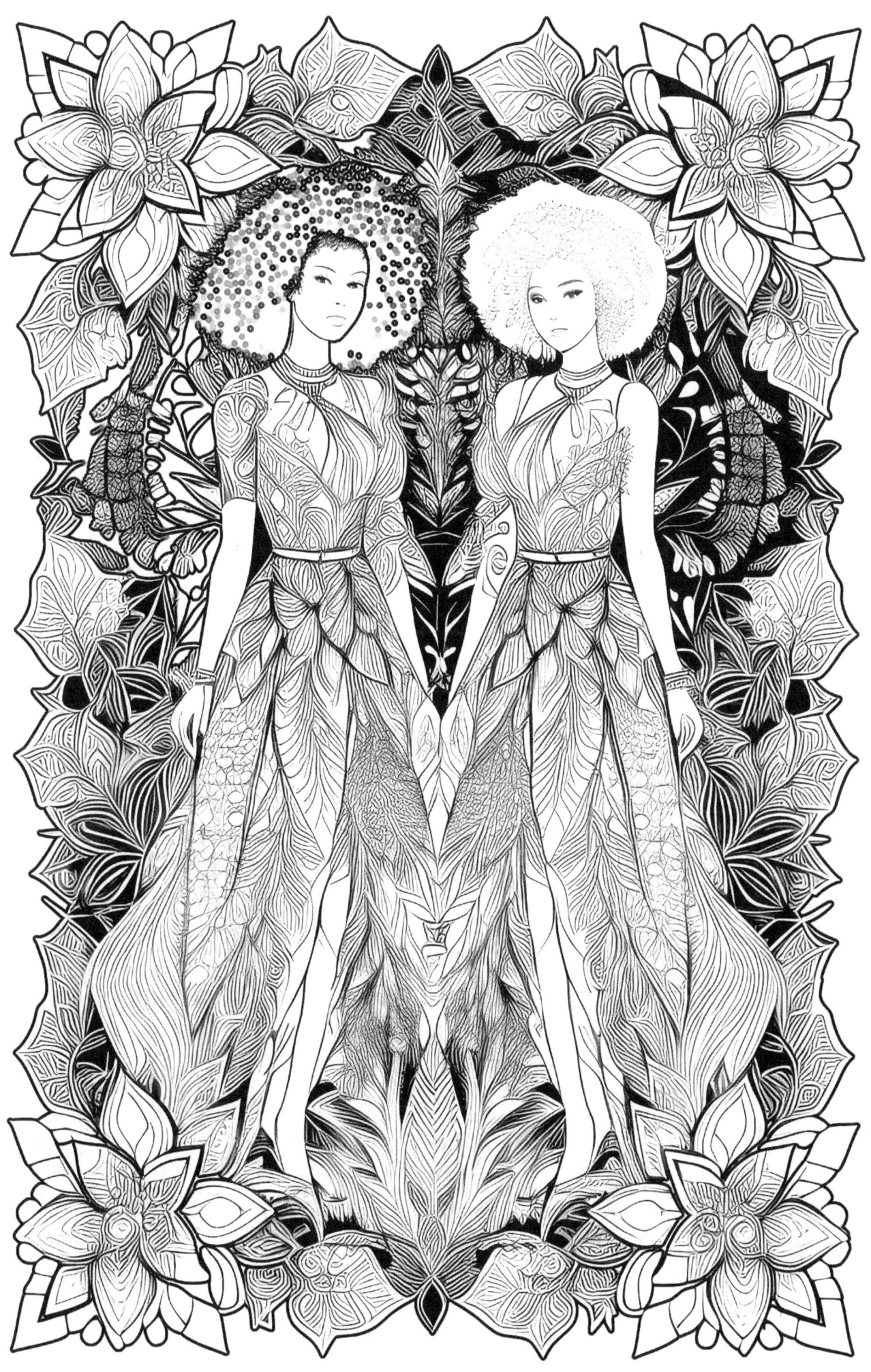

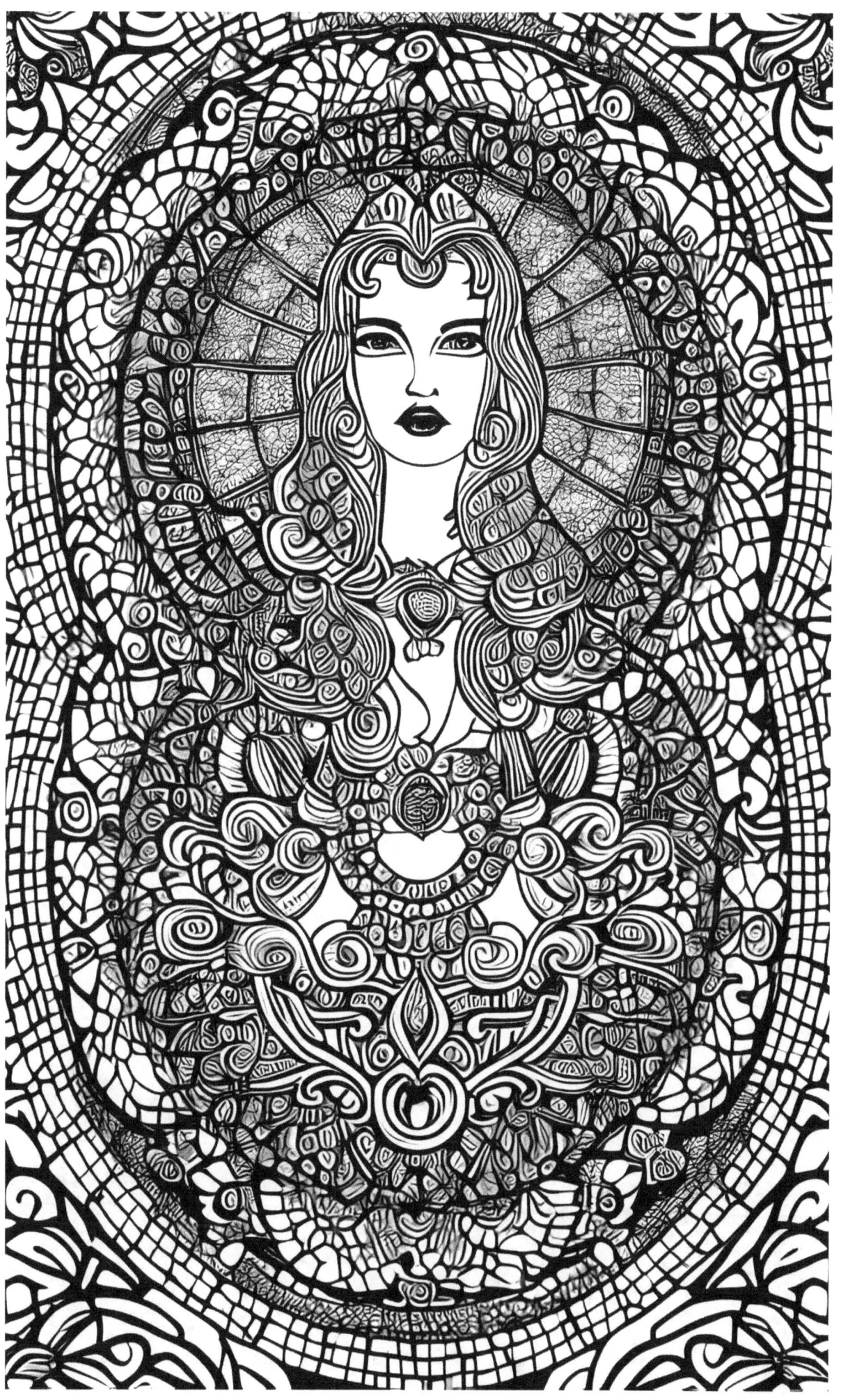

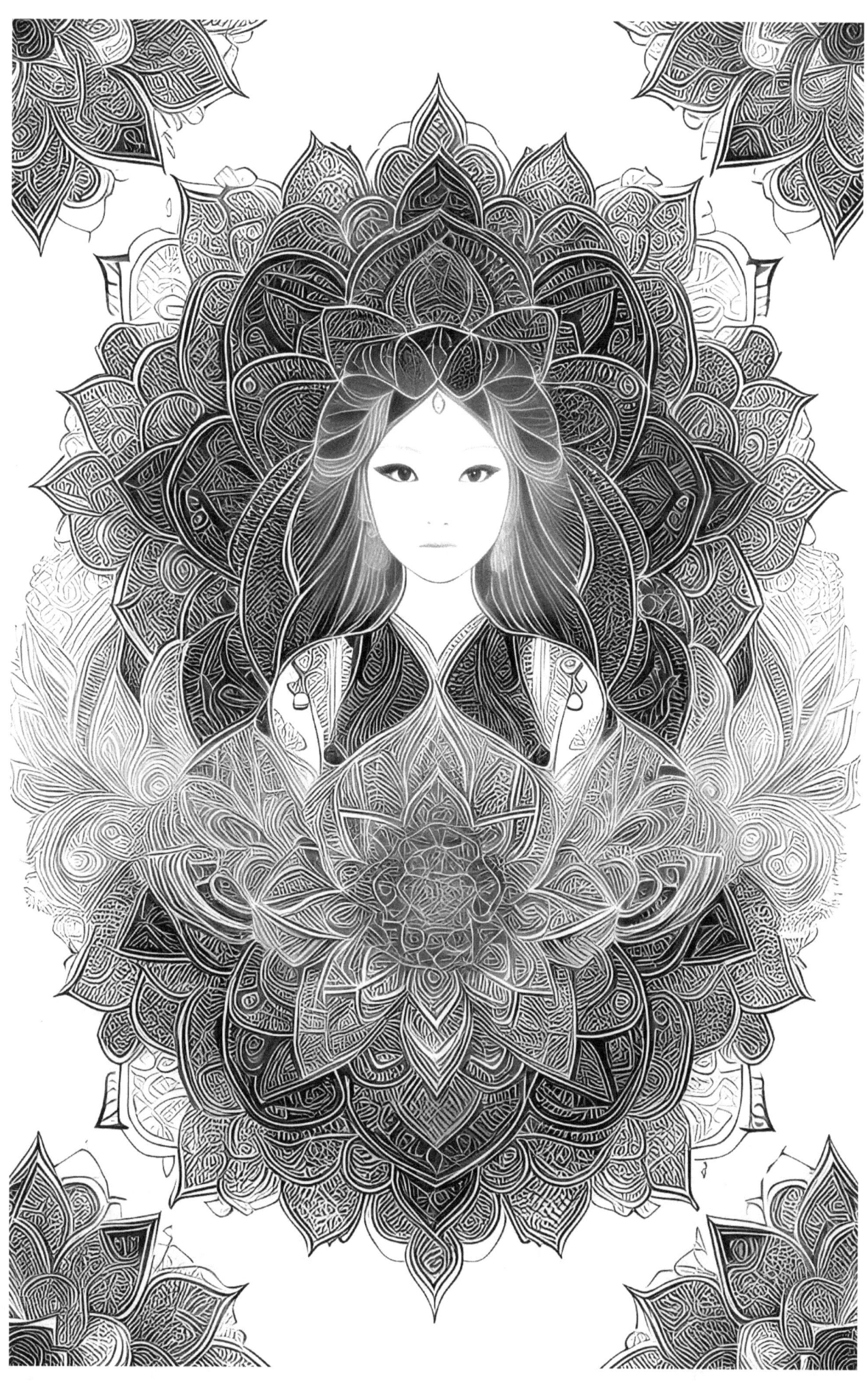

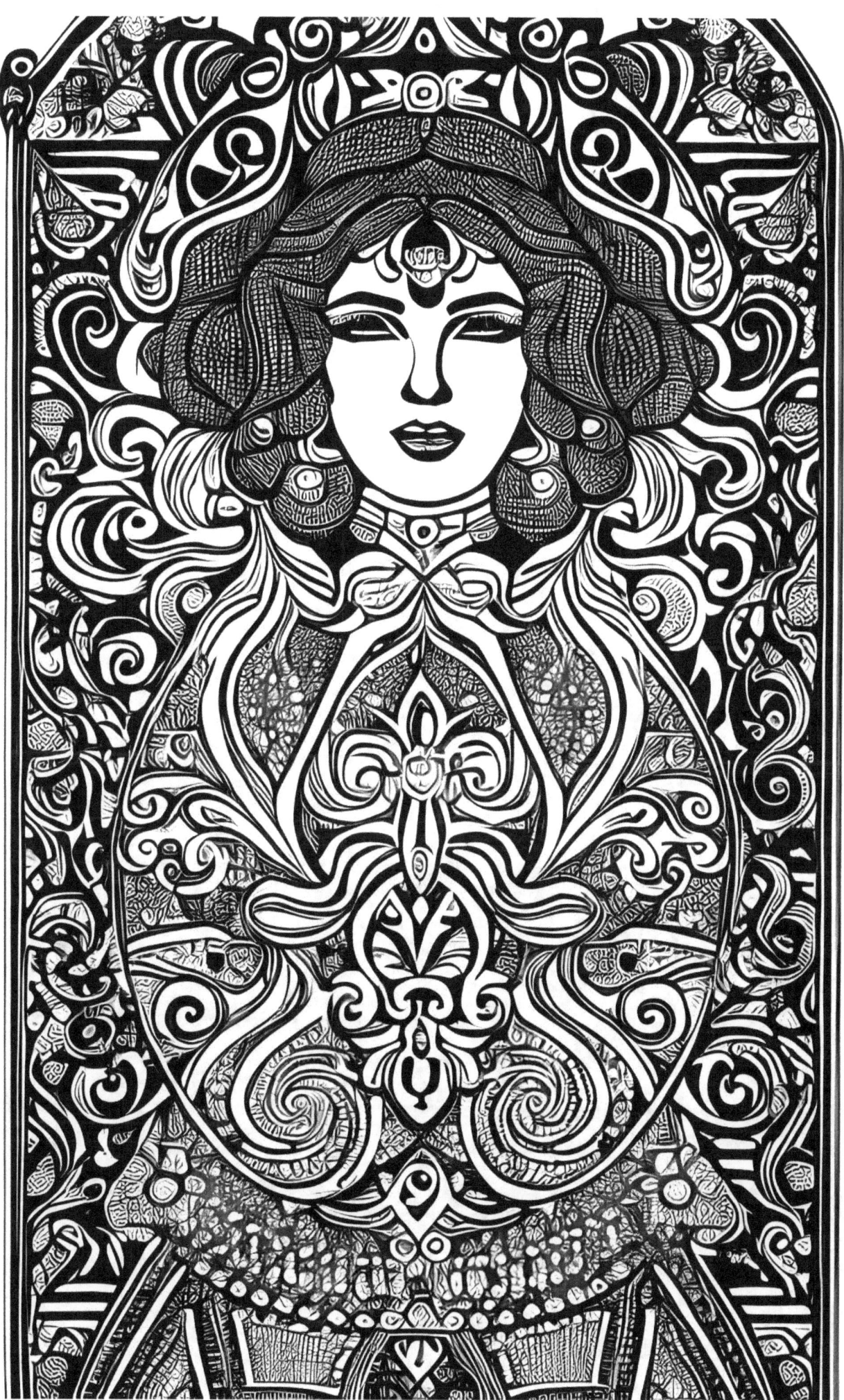

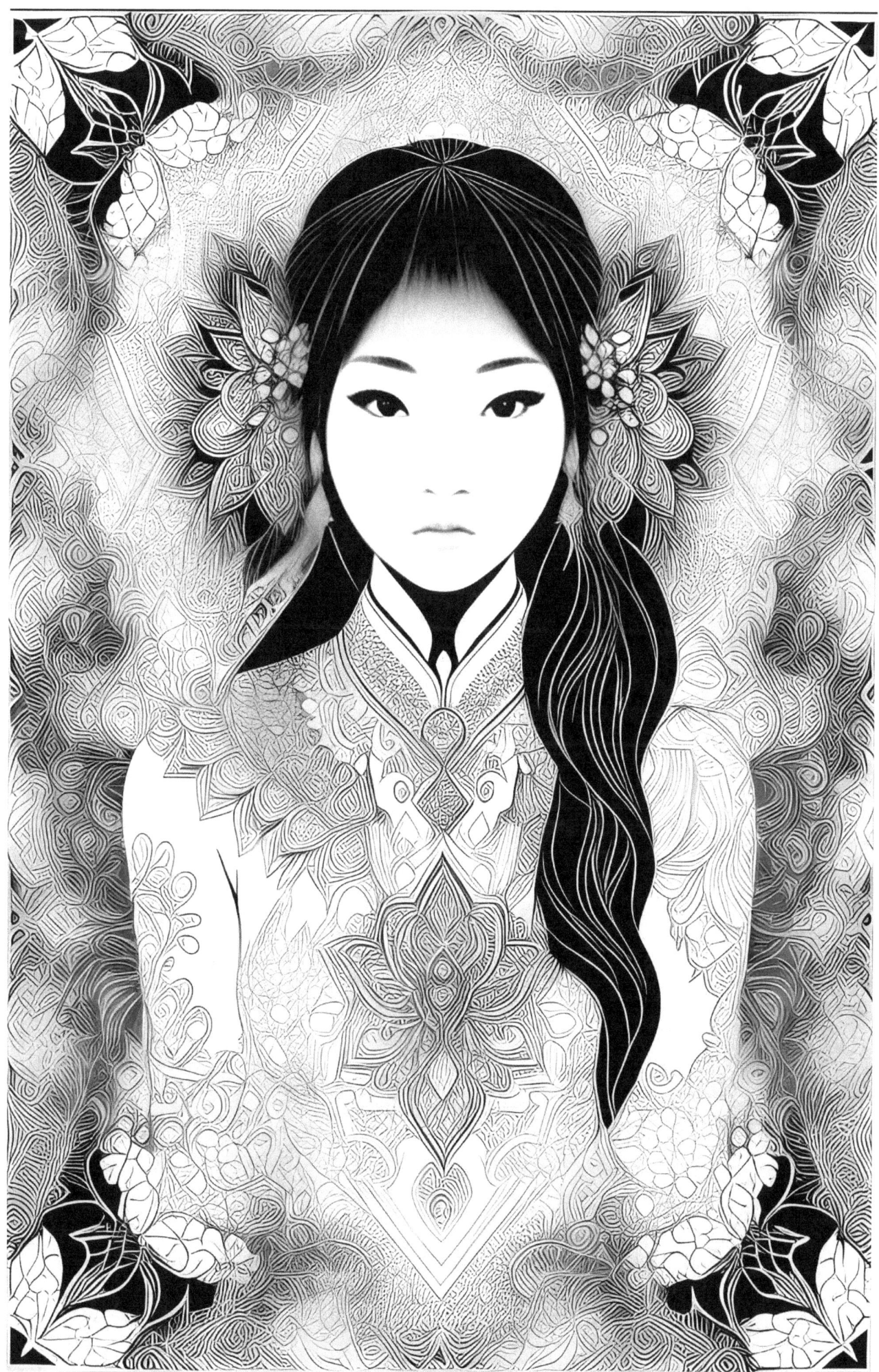

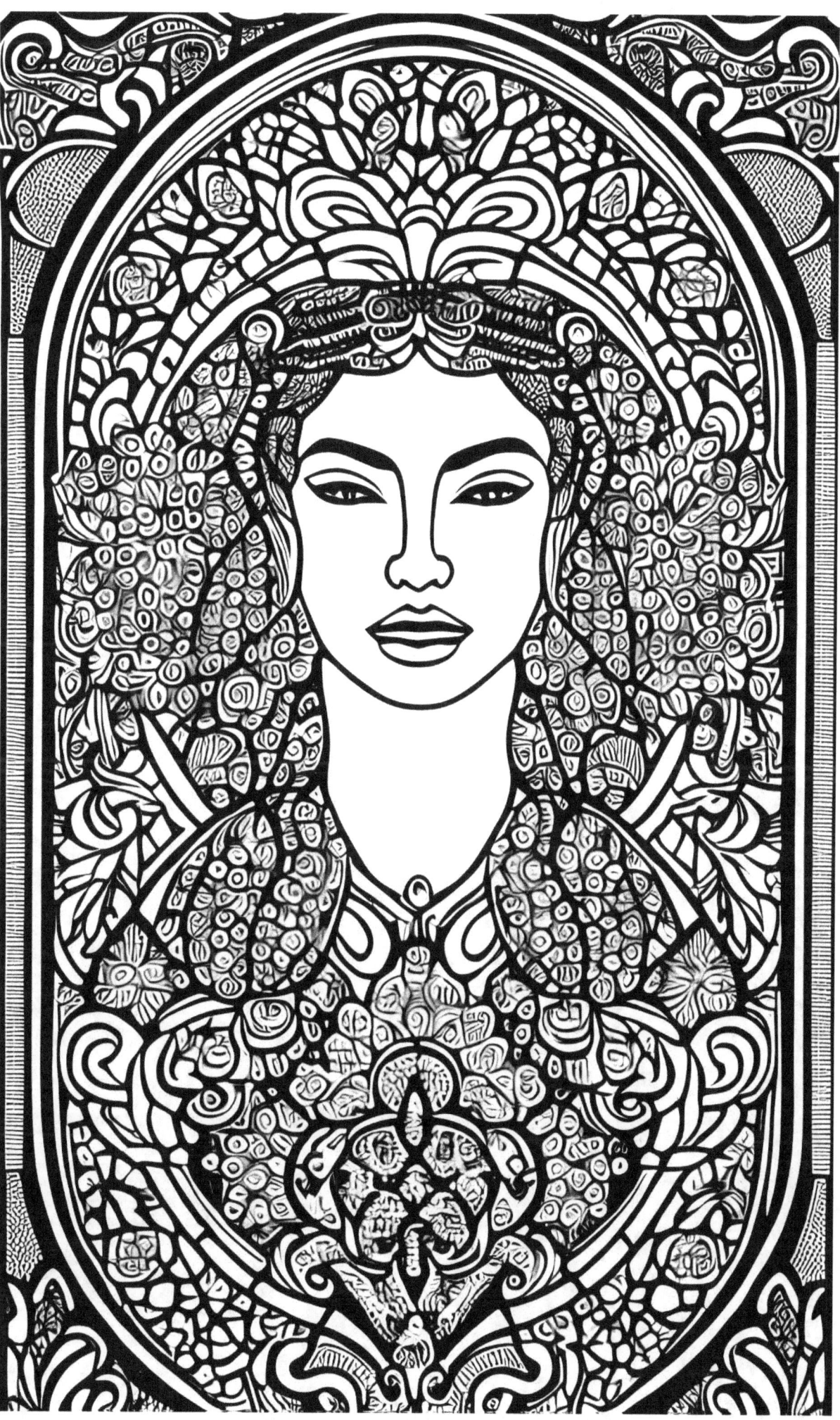

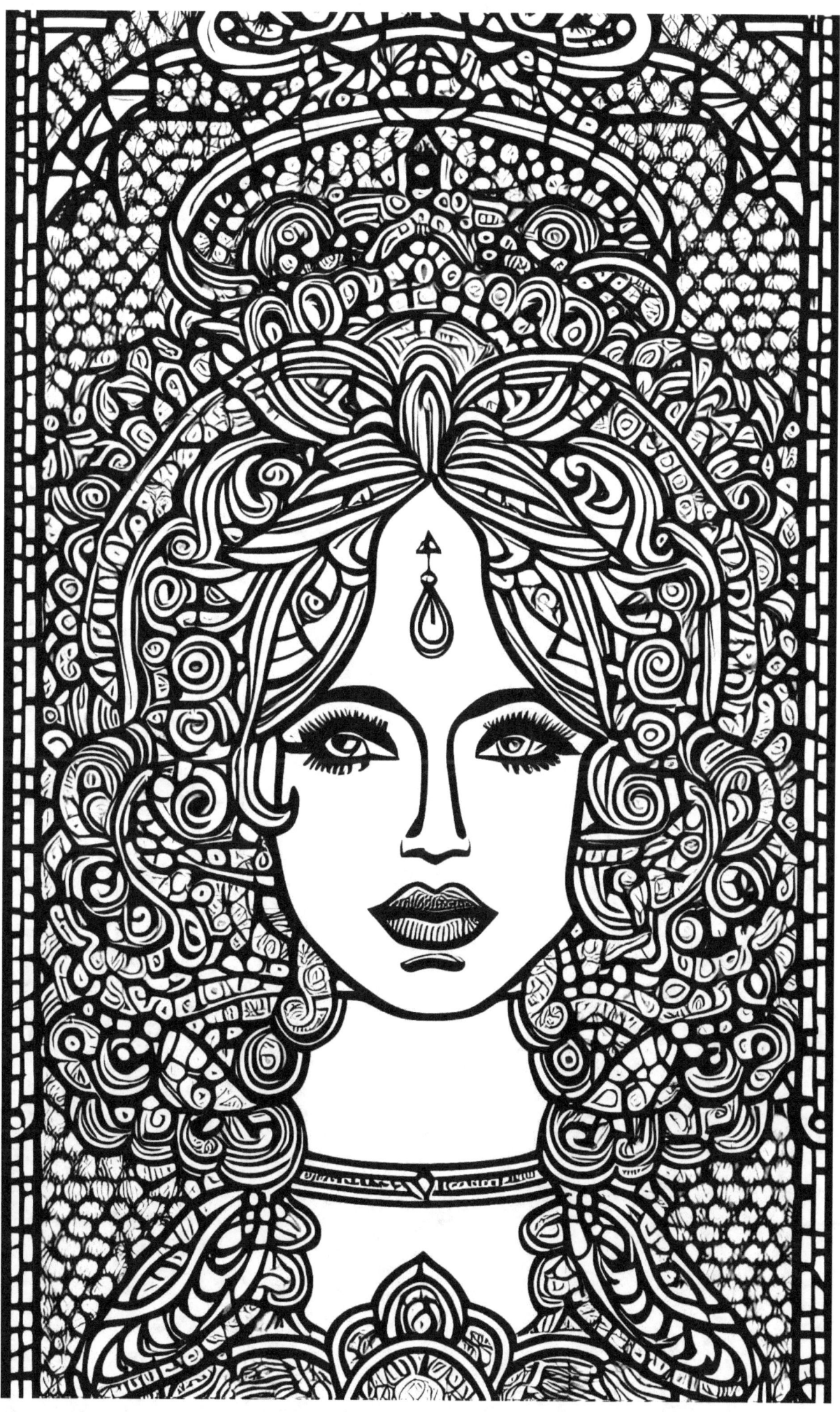

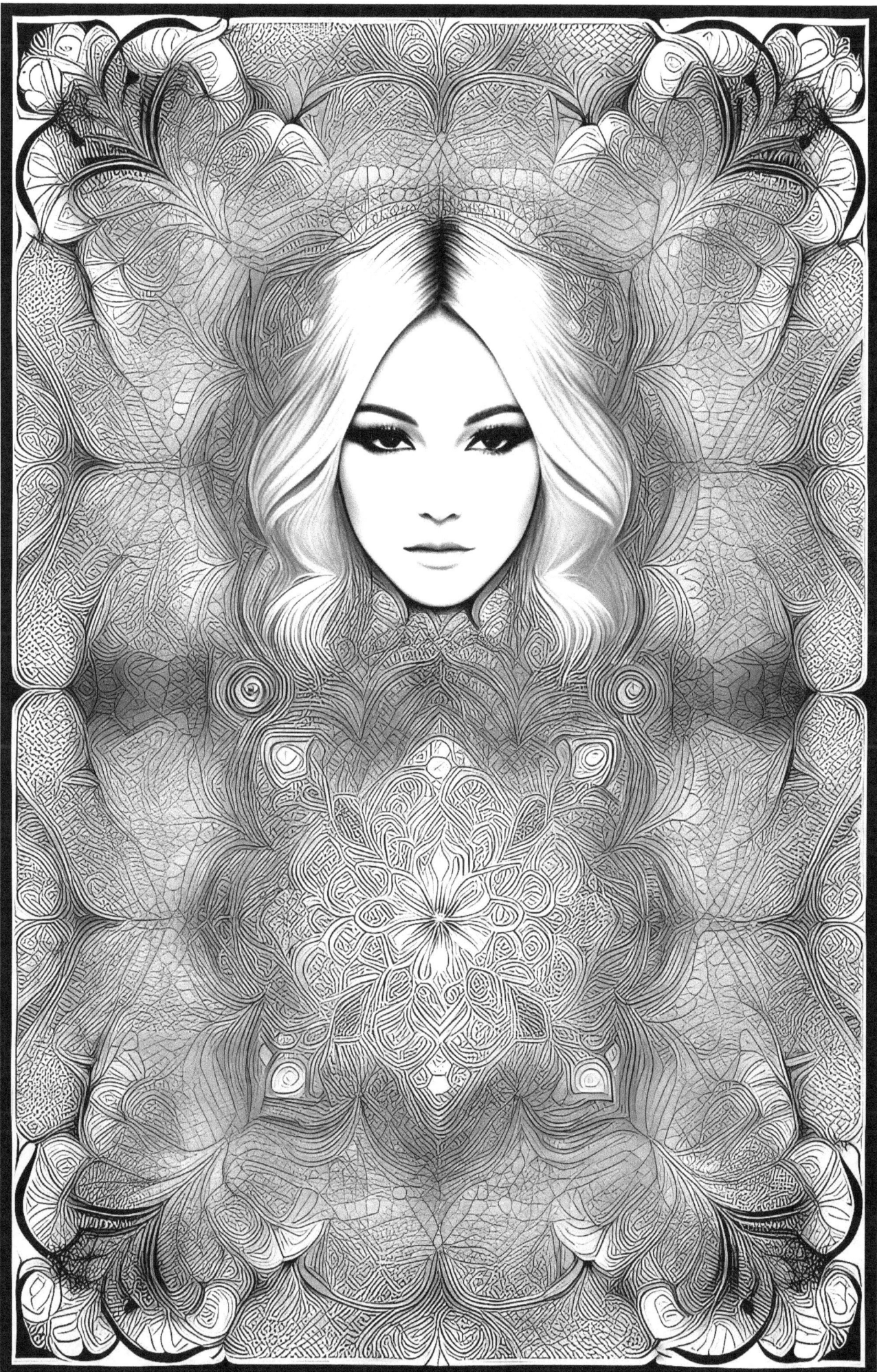

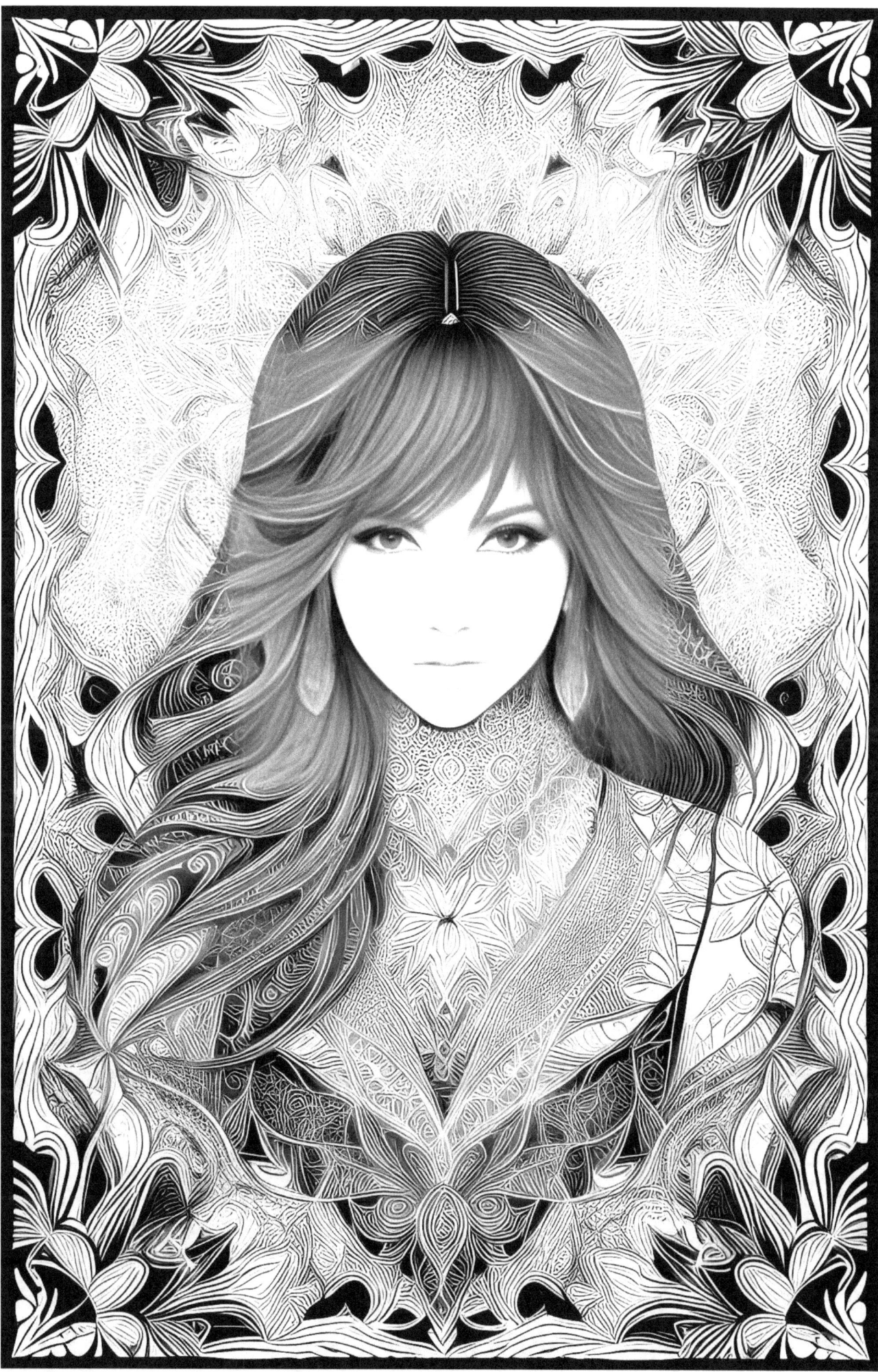

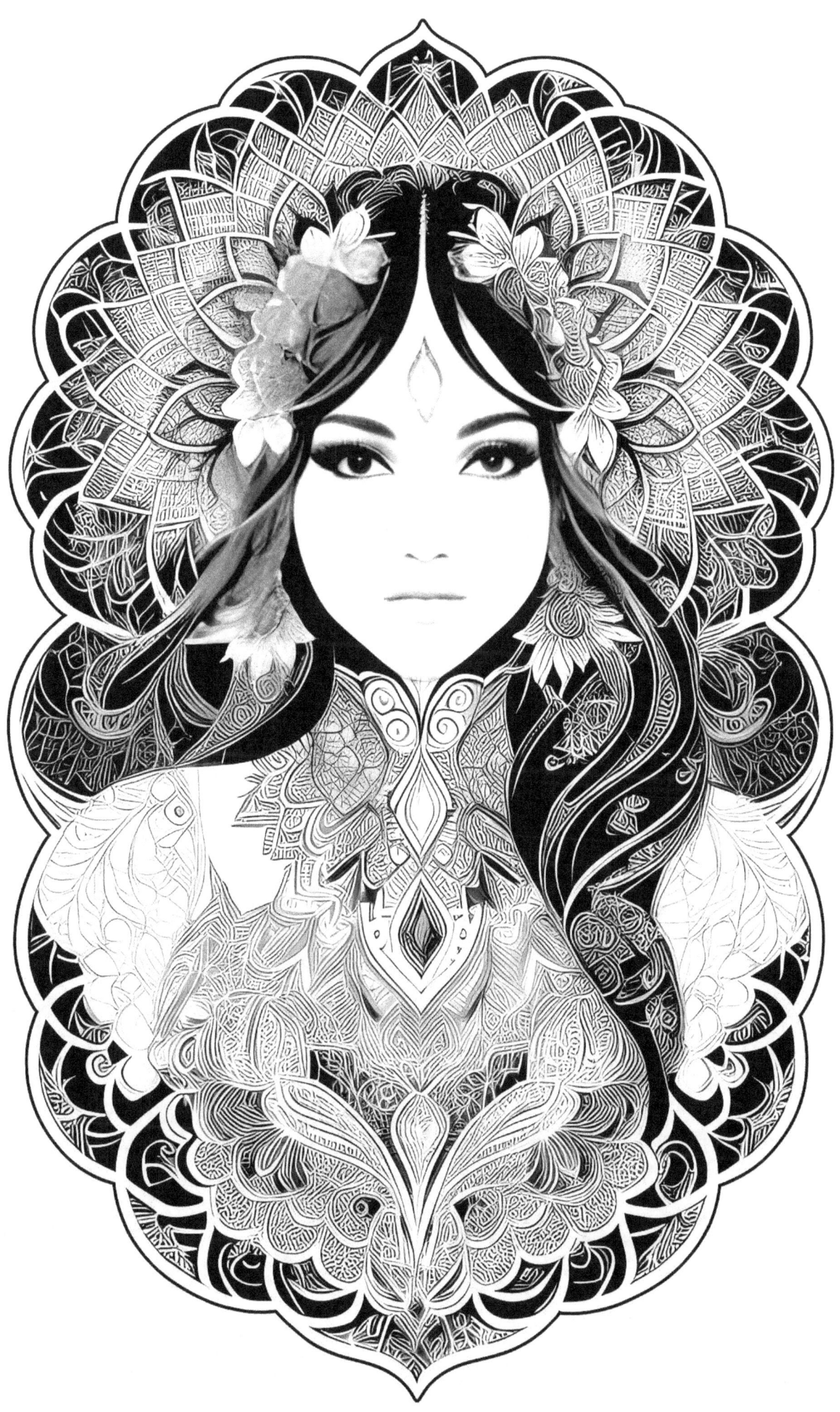

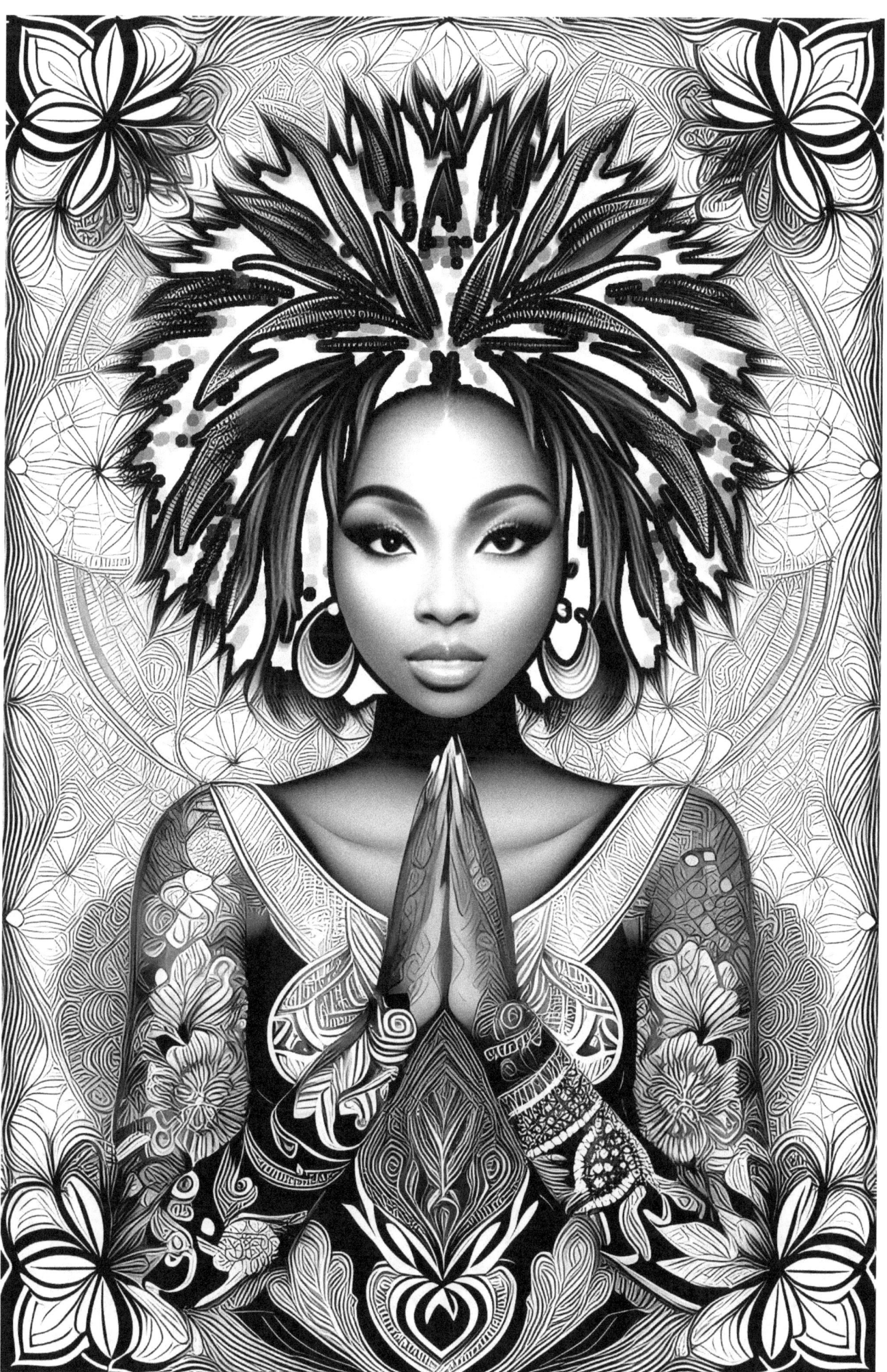

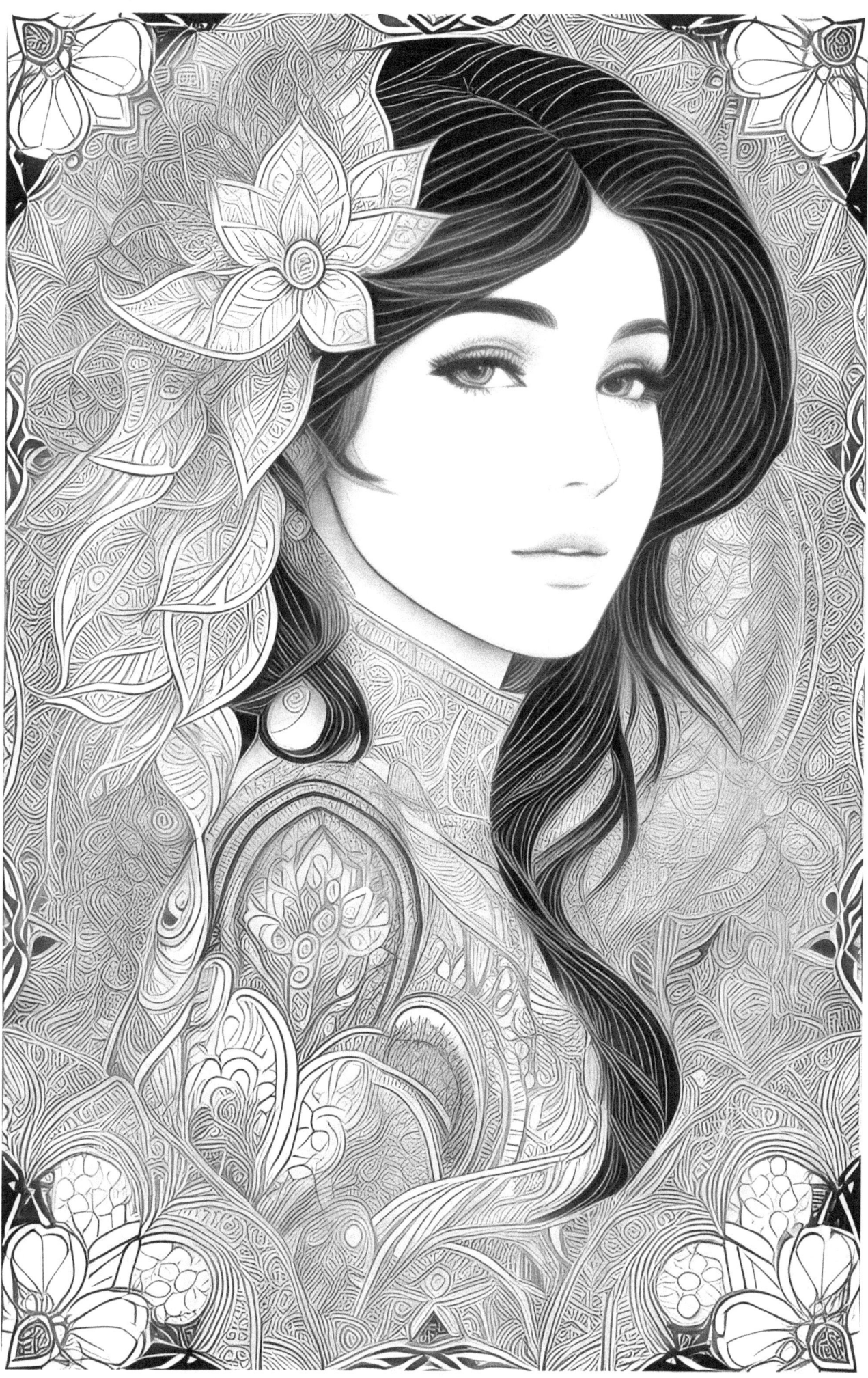

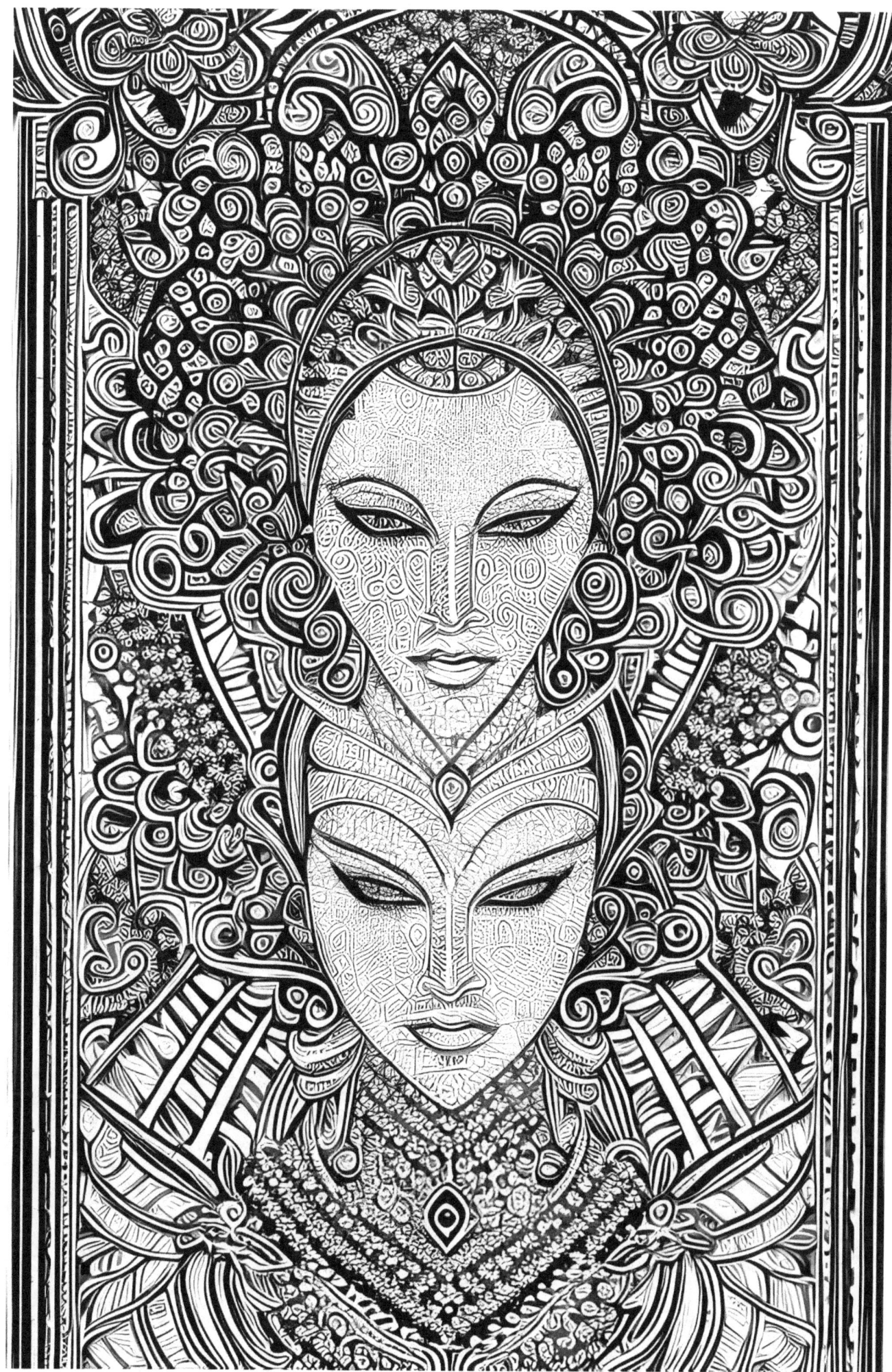

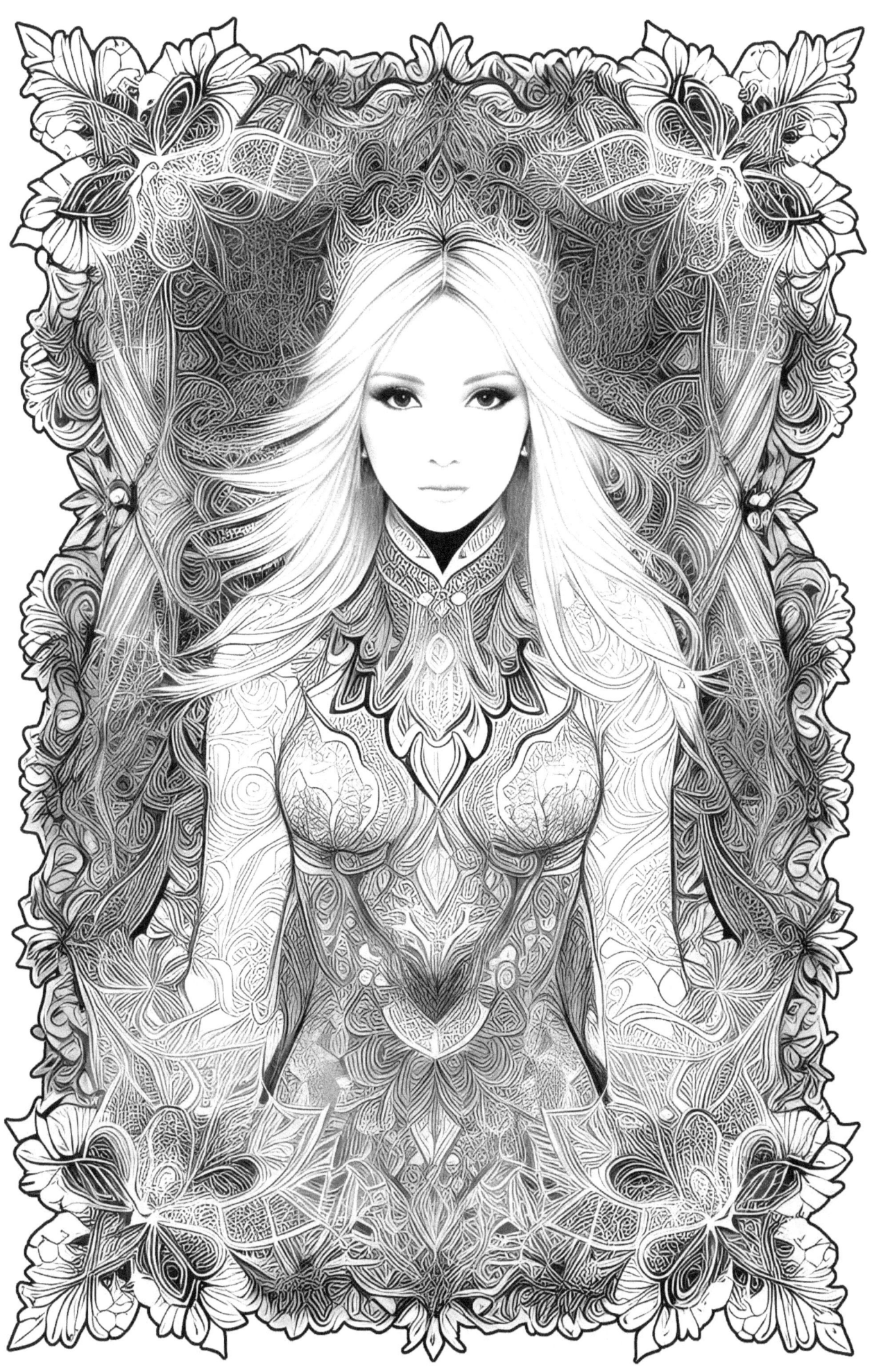

Calendário 2023

Janeiro 2023

D	S	T	Qu	Qu	Se	Sa
1	2	3	4	5	6	7
8	9	10	11	12	13	14
15	16	17	18	19	20	21
22	23	24	25	26	27	28
29	30	31				

○ 6　◐ 14　● 21　◐ 28

Fevereiro 2023

D	S	T	Qu	Qu	Se	Sa
			1	2	3	4
5	6	7	8	9	10	11
12	13	14	15	16	17	18
19	20	21	22	23	24	25
26	27	28				

○ 5　◐ 13　● 20　◐ 27

Março 2023

D	S	T	Qu	Qu	Se	Sa
			1	2	3	4
5	6	7	8	9	10	11
12	13	14	15	16	17	18
19	20	21	22	23	24	25
26	27	28	29	30	31	

○ 7　◐ 14　● 21　◐ 28

Abril 2023

D	S	T	Qu	Qu	Se	Sa
						1
2	3	4	5	6	7	8
9	10	11	12	13	14	15
16	17	18	19	20	21	22
23	24	25	26	27	28	29
30						

○ 6　◐ 13　● 20　◐ 27

Maio 2023

D	S	T	Qu	Qu	Se	Sa
	1	2	3	4	5	6
7	8	9	10	11	12	13
14	15	16	17	18	19	20
21	22	23	24	25	26	27
28	29	30	31			

○ 5　◐ 12　● 19　◐ 27

Junho 2023

D	S	T	Qu	Qu	Se	Sa
				1	2	3
4	5	6	7	8	9	10
11	12	13	14	15	16	17
18	19	20	21	22	23	24
25	26	27	28	29	30	

○ 4　◐ 10　● 18　◐ 26

Julho 2023

D	S	T	Qu	Qu	Se	Sa
						1
2	3	4	5	6	7	8
9	10	11	12	13	14	15
16	17	18	19	20	21	22
23	24	25	26	27	28	29
30	31					

○ 3　◐ 9　● 17　◐ 25

Agosto 2023

D	S	T	Qu	Qu	Se	Sa
		1	2	3	4	5
6	7	8	9	10	11	12
13	14	15	16	17	18	19
20	21	22	23	24	25	26
27	28	29	30	31		

○ 1　◐ 8　● 16　◐ 24　○ 30

Setembro 2023

D	S	T	Qu	Qu	Se	Sa
					1	2
3	4	5	6	7	8	9
10	11	12	13	14	15	16
17	18	19	20	21	22	23
24	25	26	27	28	29	30

◐ 6　● 14　◐ 22　○ 29

Outubro 2023

D	S	T	Qu	Qu	Se	Sa
1	2	3	4	5	6	7
8	9	10	11	12	13	14
15	16	17	18	19	20	21
22	23	24	25	26	27	28
29	30	31				

◐ 6　● 14　◐ 22　○ 28

Novembro 2023

D	S	T	Qu	Qu	Se	Sa
			1	2	3	4
5	6	7	8	9	10	11
12	13	14	15	16	17	18
19	20	21	22	23	24	25
26	27	28	29	30		

◐ 5　● 13　◐ 20　○ 27

Dezembro 2023

D	S	T	Qu	Qu	Se	Sa
					1	2
3	4	5	6	7	8	9
10	11	12	13	14	15	16
17	18	19	20	21	22	23
24	25	26	27	28	29	30
31						

◐ 5　● 12　◐ 19　○ 26

1 de Jan	● Ano Novo	7 de Abr	● Paixão de Cristo	13 de Ago	● Dia dos Pais	20 de Nov	● Dia da Consciência Negra
17 de Fev	● Sexta-Feira de Carnaval	9 de Abr	● Domingo de Páscoa	7 de Set	● Independência	24 de Dez	● Véspera de Natal (após às 14 horas)
18 de Fev	● Sábado de Carnaval	21 de Abr	● Tiradentes	12 de Out	● Nossa Senhora de Aparecida	25 de Dez	● Natal
19 de Fev	● Domingo de Carnaval	1 de Mai	● Dia do Trabalho	15 de Out	● Dia do Professor	31 de Dez	● Véspera de Ano Novo (após às 14 horas)
20 de Fev	● Carnaval (Segunda-feira)	14 de Mai	● Dia das Mães	28 de Out	● Dia do Servidor Público		
21 de Fev	● Carnaval (Terça-feira)	8 de Jun	● Corpus Christi	2 de Nov	● Finados		
22 de Fev	● Cinzas (até 14 horas)	12 de Jun	● Dia dos Namorados	15 de Nov	● Proclamação da República		

Calendário 2024

Janeiro 2024

D	S	T	Qu	Qu	Se	Sa
	1	2	3	4	5	6
7	8	9	10	11	12	13
14	15	16	17	18	19	20
21	22	23	24	25	26	27
28	29	30	31			

☽ 4 ● 11 ☾ 18 ○ 25

Fevereiro 2024

D	S	T	Qu	Qu	Se	Sa
				1	2	3
4	5	6	7	8	9	10
11	12	13	14	15	16	17
18	19	20	21	22	23	24
25	26	27	28	29		

☽ 2 ● 9 ☾ 16 ○ 24

Março 2024

D	S	T	Qu	Qu	Se	Sa
					1	2
3	4	5	6	7	8	9
10	11	12	13	14	15	16
17	18	19	20	21	22	23
24	25	26	27	28	29	30
31						

☽ 3 ● 10 ☾ 17 ○ 25

Abril 2024

D	S	T	Qu	Qu	Se	Sa
	1	2	3	4	5	6
7	8	9	10	11	12	13
14	15	16	17	18	19	20
21	22	23	24	25	26	27
28	29	30				

☽ 2 ● 8 ☾ 15 ○ 23

Maio 2024

D	S	T	Qu	Qu	Se	Sa
		1	2	3	4	
5	6	7	8	9	10	11
12	13	14	15	16	17	18
19	20	21	22	23	24	25
26	27	28	29	30	31	

☽ 1 ● 8 ☾ 15 ○ 23 ☽ 30

Junho 2024

D	S	T	Qu	Qu	Se	Sa
						1
2	3	4	5	6	7	8
9	10	11	12	13	14	15
16	17	18	19	20	21	22
23	24	25	26	27	28	29
30						

● 6 ☾ 14 ○ 21 ☽ 28

Julho 2024

D	S	T	Qu	Qu	Se	Sa
	1	2	3	4	5	6
7	8	9	10	11	12	13
14	15	16	17	18	19	20
21	22	23	24	25	26	27
28	29	30	31			

● 5 ☾ 13 ○ 21 ☽ 27

Agosto 2024

D	S	T	Qu	Qu	Se	Sa
			1	2	3	
4	5	6	7	8	9	10
11	12	13	14	15	16	17
18	19	20	21	22	23	24
25	26	27	28	29	30	31

● 4 ☾ 12 ○ 19 ☽ 26

Setembro 2024

D	S	T	Qu	Qu	Se	Sa
1	2	3	4	5	6	7
8	9	10	11	12	13	14
15	16	17	18	19	20	21
22	23	24	25	26	27	28
29	30					

● 2 ☾ 11 ○ 17 ☽ 24

Outubro 2024

D	S	T	Qu	Qu	Se	Sa
		1	2	3	4	5
6	7	8	9	10	11	12
13	14	15	16	17	18	19
20	21	22	23	24	25	26
27	28	29	30	31		

● 2 ☾ 10 ○ 17 ☽ 24

Novembro 2024

D	S	T	Qu	Qu	Se	Sa
					1	2
3	4	5	6	7	8	9
10	11	12	13	14	15	16
17	18	19	20	21	22	23
24	25	26	27	28	29	30

● 1 ☾ 9 ○ 15 ☽ 22

Dezembro 2024

D	S	T	Qu	Qu	Se	Sa
1	2	3	4	5	6	7
8	9	10	11	12	13	14
15	16	17	18	19	20	21
22	23	24	25	26	27	28
29	30	31				

● 1 ☾ 8 ○ 15 ☽ 22 ● 30

1 de Jan ● Ano Novo	**29 de Mar** ● Paixão de Cristo	**11 de Ago** ● Dia dos Pais	**20 de Nov** ● Dia da Consciência Negra
9 de Fev ● Sexta-Feira de Carnaval	**31 de Mar** ● Domingo de Páscoa	**7 de Set** ● Independência	**24 de Dez** ● Véspera de Natal (após às 14 horas)
10 de Fev ● Sábado de Carnaval	**21 de Abr** ● Tiradentes	**12 de Out** ● Nossa Senhora de Aparecida	**25 de Dez** ● Natal
11 de Fev ● Domingo de Carnaval	**1 de Mai** ● Dia do Trabalho	**15 de Out** ● Dia do Professor	**31 de Dez** ● Véspera de Ano Novo (após às 14 horas)
12 de Fev ● Carnaval (Segunda-feira)	**12 de Mai** ● Dia das Mães	**28 de Out** ● Dia do Servidor Público	
13 de Fev ● Carnaval (Terça-feira)	**30 de Mai** ● Corpus Christi	**2 de Nov** ● Finados	
14 de Fev ● Cinzas (até 14 horas)	**12 de Jun** ● Dia dos Namorados	**15 de Nov** ● Proclamação da República	

Calendário 2025

Janeiro 2025

D	S	T	Qu	Qu	Se	Sa
			1	2	3	4
5	6	7	8	9	10	11
12	13	14	15	16	17	18
19	20	21	22	23	24	25
26	27	28	29	30	31	

◑ 6 ○ 13 ◐ 21 ● 29

Fevereiro 2025

D	S	T	Qu	Qu	Se	Sa
						1
2	3	4	5	6	7	8
9	10	11	12	13	14	15
16	17	18	19	20	21	22
23	24	25	26	27	28	

◑ 5 ○ 12 ◐ 20 ● 27

Março 2025

D	S	T	Qu	Qu	Se	Sa
						1
2	3	4	5	6	7	8
9	10	11	12	13	14	15
16	17	18	19	20	21	22
23	24	25	26	27	28	29
30	31					

◑ 6 ○ 14 ◐ 22 ● 29

Abril 2025

D	S	T	Qu	Qu	Se	Sa
		1	2	3	4	5
6	7	8	9	10	11	12
13	14	15	16	17	18	19
20	21	22	23	24	25	26
27	28	29	30			

◑ 4 ○ 12 ◐ 20 ● 27

Maio 2025

D	S	T	Qu	Qu	Se	Sa
			1	2	3	
4	5	6	7	8	9	10
11	12	13	14	15	16	17
18	19	20	21	22	23	24
25	26	27	28	29	30	31

◑ 4 ○ 12 ◐ 20 ● 27

Junho 2025

D	S	T	Qu	Qu	Se	Sa
1	2	3	4	5	6	7
8	9	10	11	12	13	14
15	16	17	18	19	20	21
22	23	24	25	26	27	28
29	30					

◑ 3 ○ 11 ◐ 18 ● 25

Julho 2025

D	S	T	Qu	Qu	Se	Sa
		1	2	3	4	5
6	7	8	9	10	11	12
13	14	15	16	17	18	19
20	21	22	23	24	25	26
27	28	29	30	31		

◑ 2 ○ 10 ◐ 17 ● 24

Agosto 2025

D	S	T	Qu	Qu	Se	Sa
					1	2
3	4	5	6	7	8	9
10	11	12	13	14	15	16
17	18	19	20	21	22	23
24	25	26	27	28	29	30
31						

◑ 1 ○ 9 ◐ 16 ● 23 ◑ 31

Setembro 2025

D	S	T	Qu	Qu	Se	Sa
	1	2	3	4	5	6
7	8	9	10	11	12	13
14	15	16	17	18	19	20
21	22	23	24	25	26	27
28	29	30				

○ 7 ◐ 14 ● 21 ◑ 29

Outubro 2025

D	S	T	Qu	Qu	Se	Sa
			1	2	3	4
5	6	7	8	9	10	11
12	13	14	15	16	17	18
19	20	21	22	23	24	25
26	27	28	29	30	31	

○ 7 ◐ 13 ● 21 ◑ 29

Novembro 2025

D	S	T	Qu	Qu	Se	Sa
						1
2	3	4	5	6	7	8
9	10	11	12	13	14	15
16	17	18	19	20	21	22
23	24	25	26	27	28	29
30						

○ 5 ◐ 12 ● 20 ◑ 28

Dezembro 2025

D	S	T	Qu	Qu	Se	Sa
	1	2	3	4	5	6
7	8	9	10	11	12	13
14	15	16	17	18	19	20
21	22	23	24	25	26	27
28	29	30	31			

○ 4 ◐ 11 ● 19 ◑ 27

1 de Jan	Ano Novo
28 de Fev	Sexta-Feira de Carnaval
1 de Mar	Sábado de Carnaval
2 de Mar	Domingo de Carnaval
3 de Mar	Carnaval (Segunda-feira)
4 de Mar	Carnaval (Terça-feira)
5 de Mar	Cinzas (até 14 horas)
18 de Abr	Paixão de Cristo
20 de Abr	Domingo de Páscoa
21 de Abr	Tiradentes
1 de Mai	Dia do Trabalho
11 de Mai	Dia das Mães
12 de Jun	Dia dos Namorados
19 de Jun	Corpus Christi
10 de Ago	Dia dos Pais
7 de Set	Independência
12 de Out	Nossa Senhora de Aparecida
15 de Out	Dia do Professor
28 de Out	Dia do Servidor Público
2 de Nov	Finados
15 de Nov	Proclamação da República
20 de Nov	Dia da Consciência Negra
24 de Dez	Véspera de Natal (após às 14 horas)
25 de Dez	Natal
31 de Dez	Véspera de Ano Novo (após às 14 horas)